Índice

Introducción	vii
1. Pie Grande	1
2. Avistamientos e investigaciones	19
3. Escepticismo y posibilidades	29
4. La lógica de creer en Pie Grande	45
5. Críptidos	51
6. Yeti	61
7. Yowie	77
8. Orang Pendek	83
9. Agogwe	111
10. Chunchuya	119
11. Ebu Gogo	127
12. Monstruo Fouke	135
13. Mono zorrillo	143
Conclusión	155
Referencias	159

Introducción

Pie Grande, también llamado Sasquatch en algunas áreas de América del norte, es una criatura gigante parecida a un simio que algunas personas creen que vaga por América. Es un críptido (o una especie que se rumorea que existe) y, al igual que el monstruo Chupacabra o el monstruo del Lago Ness, hay poca evidencia física que sugiera que esté realmente ahí fuera.

Sin embargo, eso no impide que los presuntos avistamientos del simio que nunca muestra su rostro ni los fanáticos de Pie Grande intenten probar que hay vida en la leyenda. La mayoría de los avistamientos han ocurrido en el noroeste, donde la criatura puede vincularse a mitos y leyendas indígenas.

Ha habido más de 10,000 relatos de testigos presenciales de Pie Grande en los Estados Unidos desde hace más de 50 años. En estos relatos, Pie Grande generalmente se

Introducción

describe como de aproximadamente 8 a 10 pies (2.4 a 3 metros) de alto y cubierto con pelo.

Pie Grande pertenece a una categoría de críptidos llamada humanoides, pues se asemejan a un humano, como tú y yo, con sus respectivas características especiales. Generalmente, están llenos de pelo, caminan en dos pies o patas, son extremadamente grandes (aunque también pueden ser pequeños), y lo más importante de todo: no hay pruebas de su existencia.

Desde avistamientos poco concisos hasta bromas y pruebas fabricadas, las razones para desechar todo aquello que pueda comprobar que Pie Grande existe han sido varias. Aun así, la criatura vive en la mente de las personas y se ha convertido en un símbolo de la cultura general.

En este libro, hablaremos sobre Pie Grande, así como los avistamientos e investigaciones más importantes. También recorreremos los argumentos que la ciencia da para negar la existencia de este mítico críptido, y hablaremos de las posibilidades que traería a la conservación la existencia de esta criatura.

Después, definiremos con mayor detalle a los críptidos, entenderemos que su existencia es posible (¡pues ya se ha reconocido a una variedad de críptidos cuya existencia se negaba!) y revisaremos algunos de los críptidos asociados con Pie Grande más remarcables a lo largo del mundo.

Introducción

Creer o no creer en su existencia es válido, pero sin duda, su existencia abriría una gama de posibilidades desconocidas y, como ya se ha visto en algunos casos, propiciaría la conservación de un gran número de hectáreas de áreas naturales. Es momento de conocer más sobre este críptido, quién sabe, ¡tal vez te animes a hacer tu propia investigación de campo!

1

Pie Grande

Cada parte del mundo tiene sus leyendas, ya sean elfos, hadas o pequeños hombres barbudos con trajes verdes encaramados al final de un arcoíris. En los Estados Unidos y Canadá, la figura mitológica local es un primate peludo y bípedo que recibe el extraño nombre de "Pie Grande". Cuando el gran simio no está dando vueltas por el bosque con sus pies del tamaño de treinta y tantos, los fotógrafos le toman una foto, graban su lenguaje en secreto o protagoniza comerciales de carne seca.

Desde que los seres humanos han mirado las sombras del bosque, han especulado sobre si Pie Grande está ahí afuera. Ya sea que estas criaturas sean reales o no, la gente ha estado contando historias sobre encuentros con Pie Grande durante siglos, en muchas culturas y regiones, hasta el punto en que incluso el incrédulo más ferviente tiene que al menos levantar una ceja.

. . .

De cualquier manera, Pie Grande es uno de los íconos más grandes de América del Norte. Si es real, se dice que ingresó al país en algún momento después de que se firmó la constitución de los EE.UU. Una de las partes más fascinantes de la mitología de Pie Grande es el hecho de que una figura alta, peluda y parecida a un hombre juega un papel clave en las mitologías de numerosos pueblos indígenas de América del Norte.

Por ejemplo, los sioux creían en una figura poderosa y corpulenta a la que llamaban Chiye-Tanka, o "Gran Hermano Mayor". La tribu Cheyenne contó historias de un "Hombre Peludo" distante llamado "Maxemista", que pudo haber jugado un papel clave en la historia de su creación. Incluso el término ahora familiar "Sasquatch" es simplemente una anglicanización del nombre más Halkomelem, "Sasq'ets ".

Las diferentes tribus tenían cada una su propia versión de la figura de Pie Grande, pero en su mayor parte, muy pocas vieron a la criatura como monstruosa, agresiva o malvada.

. . .

Más bien, el lugar de Pie Grande en muchas mitologías tribales era el de un amable guardián, un protector, un "Guardián de la Tierra".

A lo largo de los siglos, a medida que crecía la leyenda de este críptido, los nativos americanos de Oregón veían cada vez más a Pie Grande como una parte importante de su cultura con un gran significado para su historia.

Como sabemos hoy, América del Norte estaba destinada a convertirse en el puerto de desembarco de innumerables colonos europeos. Desde 1600 en adelante, estos europeos experimentaron sus propios supuestos encuentros con Pie Grande, aunque los colonizadores encontraron a las criaturas mucho más aterradoras que los pueblos nativos.

Uno de los escritos históricos más populares entre los aficionados a la criptozoología es un pasaje de 1604 del navegante francés Samuel de Champlain, quien describió ominosamente un *"monstruo espantoso, que los salvajes llaman Gougou"*.

Aunque Champlain dijo que Gougou era una bestia enorme y femenina que devoraba seres humanos y hacía ruidos horribles, su descripción era tan vaga que, al leerla hoy, Gougou podría haber sido cualquier cosa, desde Pie

Grande hasta un monstruo del pantano. Champlain decidió que Gougou era un demonio profano de algún tipo, porque... bueno, eso es lo que decían los europeos sobre todos los fenómenos extraños en ese entonces.

A medida que el Nuevo Mundo fue colonizado cada vez más, continuaron llegando informes de encuentros con criaturas más claramente parecidas a Pie Grande. En 1811, según Rolling Stone, el explorador David Thompson estaba caminando por las Montañas Rocosas cuando se topó con unas huellas realmente enormes, que siguió durante casi 100 yardas antes de que el rastro se enfriara.

Una de las historias más importantes apareció en la edición de julio de 1884 de un periódico de la Columbia Británica llamado *Daily Colonist*, ahora archivado en línea. El periódico informó sobre la captura de un joven primate parecido a un gorila llamado "Jacko". ¿Jacko era un Pie Grande joven, un engaño, un truco? Tú decides. De todos modos, nunca más se informó sobre el pequeño Jacko.

En 1924, durante una cálida noche de verano en julio, un grupo de cinco mineros decidió terminar la noche en su pequeña cabaña, encaramada en lo que ahora se llama "Ape Canyon", un desfiladero angosto que se encuentra en el escalar el monte St. Helens en Washington. Supuestamente, mientras los mineros intentaban dormir un poco, un grupo de "hombres-mono" peludos y enloquecidos salió gritando de las colinas y comenzó a lanzar piedras pesadas a su cabaña.

La historia cuenta que las criaturas continuaron atacando la cabaña toda la noche, en un momento incluso llegaron al interior a través de un agujero en la pared e intentaron robar un hacha. Todo suena como un *Evil Dead* de la vida real, pero con Pie Grande en lugar de *deadites*.

Finalmente, el asalto cesó al amanecer y los mineros volvieron a salir de la cabaña. Un minero, Fred Beck, informó que vio a un hombre mono parado en la distancia, por lo que le disparó a la criatura y la hizo caer entre las rocas. Años más tarde, Beck llegó a proponer que los animales hostiles que encontró eran en realidad seres fantasmales de otra realidad.

Por otro lado, muchas personas han especulado que los "hombres-mono" eran solo una pandilla de adolescentes ruidosos. De cualquier manera, suena como una noche de miedo. Como probablemente habrás adivinado, este incidente es la razón por la cual este desfiladero de montaña en particular ahora se conoce como Ape Canyon.

. . .

Los avistamientos de simios estadounidenses continuaron durante las próximas décadas. En 1940, una familia canadiense informó que un hombre mono de 8 pies había salido del bosque y había irrumpido en su cobertizo, dejando huellas de 16 pulgadas a su paso.

Luego, una mañana de octubre en el norte de California en 1958, los trabajadores de Granite Logging Company encontraron una serie de huellas gigantes, una vez más, de 16 pulgadas de largo, sumergidas en el lecho húmedo de una de sus carreteras recién construidas. Menos de una semana después, los trabajadores vieron una criatura en el bosque que "corría erguida como un hombre, balanceando largos brazos peludos... parecía de diez pies de altura".

Se encontraron más huellas al día siguiente. El *Humboldt Times* local recogió la historia, publicando una foto del yeso de la huella megalítica, con el periodista Andrew Genzoli prestando a la criatura desconocida un nombre que pronto se convertiría en legendario: "Pie Grande".

El alboroto no se detuvo ahí. En el sitio de construcción, seguían apareciendo huellas.

El equipo se volcaba. Los trabajadores informaron que sentían que algo en el bosque los estaba observando, y la paranoia se volvió tan intensa que 15 hombres renunciaron.

Cuando Ray Wallace, socio de la firma, fue acusado de perpetrar un engaño, replicó enojado: *"¿Quién conoce a alguien tan tonto como para arruinar su propio negocio?"*.

De todos modos, "Pie Grande" se convirtió en una gran noticia. Se descubrieron más huellas en Washington, y detectar a Pie Grande se convirtió en una tradición tan estadounidense como el pastel de manzana. Sin embargo, muchos dudaron, ¿sería esto alguna especie de engaño?

Ray Wallace hizo un buen argumento de por qué las huellas no eran un engaño (causado por él), pero esta es la cuestión: como cualquier buen bromista sabe, si te atrapan, te quedan dos opciones; rendirte o doblar la apuesta. ¿Adivina qué eligió Wallace?

En 2002, según el New York Times, Wallace murió a los 84 años. Una vez que los hijos de Wallace terminaron de enterrar a su padre, finalmente se sinceraron con la broma más grande que su "viejo amante de las bromas" jamás le hizo al mundo.

. . .

Evidentemente, los famosos "pies" estaban tallados en madera, y Ray había rodado lentamente en un camión para crear el paso masivo entre las vías.

El hijo de Ray, Michael, le dijo al Times: *"Es extraño porque era solo una broma, y luego tomó tal vida propia que, incluso ahora, no podemos detenerlo"*. Tal vez Ray lo habría logrado, si no fuera por sus hijos entrometidos. Por supuesto, lo logró durante más de medio siglo. Podríamos decir que su corona como rey de los bromistas fue justamente ganada.

Uno pensaría que esta revelación post mortem habría golpeado a la comunidad fanática de Pie Grande como un bate de béisbol, pero en su mayor parte, los creyentes no se inmutaron. Eso es porque a pesar de que las huellas de Wallace lanzaron gran parte del alboroto de Pie Grande, los principales investigadores de la criatura habían sospechado durante mucho tiempo que el incidente de 1958 era un engaño.

Además, en 1967, esas huellas fueron eclipsadas por una evidencia mucho más dramática... Tal vez algún día se publique una selfie de Pie Grande en primer plano en Instagram, pero hasta entonces, las imágenes de Patterson-Gimlin siguen siendo el santo grial de las pruebas de Pie Grande.

. . .

En 1967, Roger Patterson se acercó a su viejo compañero de rodeo Bob Gimlin con el propósito explícito de encontrar a Pie Grande después de que se encontraran más huellas gigantes en el norte de California. Patterson y Gimlin partieron a caballo.

A diferencia de casi todas las demás expediciones de Pie Grande en la historia, la pareja supuestamente se topó con la legendaria criatura caminando por el arroyo, a solo 30 metros de distancia.

Patterson, empuñando la cámara, saltó de su caballo en un esfuerzo por acercarse, explicando el infame efecto de cámara temblorosa.

Entonces, ¿era Pie Grande, apodado "Patty", el verdadero negocio? Más de cinco décadas después, el metraje de Patterson se ha convertido en uno de los videoclips más estudiados de la historia y nunca ha sido desacreditado sumariamente. El profesor de anatomía Jeffery Meldrum cree firmemente en las imágenes y teoriza que, en comparación con otros efectos especiales de primates de la época (a saber, El planeta de los simios), las características anatómicas de Patty son demasiado avanzadas para ser un disfraz falso.

Por otro lado, no todo el mundo está convencido. En 2004, el *Charlotte Observer* informó que el diseñador de vestuario Philip Morris, entonces fallecido, afirmó haber vendido un traje de gorila a Roger Patterson.

En cuanto a los hombres detrás del video, Patterson murió de cáncer en 1972. Bob Gimlin sostiene que el encuentro con Pie Grande realmente sucedió, y dice que las décadas de interrogatorio que recibió por eso "arruinaron su vida".

¿Las imágenes de Patterson - Gimlin eran reales o falsas? No lo sabemos, pero de cualquier manera prepararon el escenario para la manía Pie Grande. Desde entonces, el entusiasmo por la peluda criatura nunca ha disminuido realmente.

A lo largo de la década de 1970, después de que las imágenes de Patterson - Gimlin se volvieran virales, el público fue bombardeado con especiales de TV de Pie Grande, artículos de revistas, trampas para turistas y más. La especulación sobre la posible existencia de la criatura se volvió rampante, un fenómeno que el periodista Michael McLeod describe como "el primer ejemplo ampliamente popularizado de pseudociencia en la cultura estadounidense".

. . .

La manía de encontrar a Pie Grande provocó muchos otros avistamientos, fotos y huellas de la criatura. ¿Quién no tiene al menos un familiar, amigo o conocido que afirma haber visto a Pie Grande en el bosque?

En la segunda mitad del siglo XX, Pie Grande se convirtió en uno de los íconos culturales más potentes de América del Norte. El hombre mono salvaje actuó junto a John Lithgow en la película de 1987 Harry and the Hendersons, es el foco de la serie de *Animal Planet* "Encontrando a Pie Grande", tiene una editorial que lleva su nombre y se convirtió en la mascota de la carne seca de Jack Link. ¿Ser cooptado rápidamente en la cultura pop y el marketing? Eso es americano.

A pesar del trabajo de organizaciones como la *North America Bigfoot Search* (NABS) y *Bigfoot Field Researchers Organisation* (BFRO), la prueba definitiva de la existencia de Pie Grande aún no se ha manifestado. Todas las muestras de cabello terminaron siendo de osos, los cuerpos no son reales, las heces de Pie Grande nunca aparecen en el pasto de vacas del Viejo Jenkins, nada de eso.

Si los sasquatches son reales, las criaturas cubren sus huellas muy, muy bien. Sin embargo, si creemos en Ron Morehead y Al Berry, podríamos tener una idea de cómo suena Pie Grande. Según *Scientific American*, Morehead y

Berry dicen que capturaron los llamados "Sonidos de la Sierra" colgando un micrófono sobre un árbol en las montañas de Sierra Nevada.

Aunque el "lenguaje" de las grabaciones es interesante y se transmite en muchos especiales de TV sobre pie grande, esos ruidos que suenan humanos también podrían ser un engaño relativamente fácil, por lo que la comunidad criptozoológica no está exactamente emocionada por el sonido de Pie Grande.

Por otro lado, ¿qué pasa si Pie Grande se comunica sin mover la boca? Hay algunos que creen que la criatura posee poderes telepáticos, pero no profundizaremos en eso. En 2008, según CNN, dos excursionistas llamados Rick Dyer y Matthew Whitton anunciaron que habían encontrado el cadáver de un "mitad simio, mitad humano" de casi 8 pies en el desierto de Georgia.

Llevaron el "cadáver" a casa, lo metieron en un congelador y compartieron fotos en línea, con la esperanza de ganar dinero con los derechos de marketing y promoción. El engaño duró poco. Las pruebas pronto demostraron que el "cadáver" era solo un disfraz de goma, y el dúo se disculpó públicamente.

. . .

Sin embargo, los días de falsificación de Pie Grande de Rick Dyer estaban lejos de terminar.

Según el Huffington Post, el hombre georgiano volvió a aparecer en los titulares sobre Pie Grande en 2012 cuando afirmó haber matado a un Pie Grande en Texas, a quien luego llamó "Hank".

Dyer también afirmó que las pruebas realizadas por una "universidad" habían demostrado que el cadáver pertenecía a una especie previamente desconocida. Dyer quería llevar al espécimen muerto a una gira nacional y cobrar entrada a cualquiera que quisiera ver a Hank. Vamos, ¿qué es esto, el siglo XIX?

Como era de esperar, los esfuerzos de Dyer fracasaron nuevamente. En 2014, el segundo Pie Grande falso de Dyer fue revelado al público y volvió a disculparse. Solo el tiempo dirá si Dyer vuelve a intentar el mismo truco en unos años.

A medida que pasan los años, la evidencia de Pie Grande se vuelve más y más extraña. En 2012, una veterinaria llamada Melba S. Ketchum volvió a poner a la criatura en los titulares.

. . .

Ketchum, citando su experiencia previa en investigación genética, afirmó que después de analizar 100 muestras de ADN, había descubierto pruebas genéticas de que el Sasquatch era real.

No solo eso, sino que Ketchum también determinó que las características humanoides del críptido se debían a que una especie anterior de primate se había apareado con el Homo sapiens hace unos 15.000 años, lo que resultó en el Pie Grande que (más o menos) conocemos hoy.

Ketchum argumentó ferozmente en favor de su trabajo, e incluso pidió al gobierno de los EE.UU. que reconociera a Pie Grande como "un pueblo indígena y que protegiera de inmediato sus derechos humanos y constitucionales" contra los cazadores potenciales.

Pero luego, Eric Berger, del *Houston Chronicle*, miró más de cerca y encontró algunas fallas en su trabajo. Además de descubrir que Ketchum había auto publicado su trabajo en lugar de enviarlo a una revista científica de renombre, Berger también hizo que un distinguido genetista de Texas probara la evidencia de Ketchum, quien no quedó impresionado con los resultados.

. . .

Berger admitió sentirse decepcionado por todo el asunto, afirmando que un mundo con Pie Grande sería un poco más suave, un poco más divertido. Sin embargo, en su mundo, la ciencia era el árbitro de la realidad. No obstante, los esfuerzos de la Dra. Ketchum en el "Proyecto Genoma Sasquatch" continúan hasta el día de hoy, y ella todavía publica actualizaciones en *Facebook*.

Y así, si lees que una agencia de inteligencia federal investigó algunas travesuras de Pie Grande, probablemente supongas que estás leyendo la sinopsis de una nueva película de *Men in Black*. Pero no, esto sucedió en la vida real.

The Washington Post informó que, en los días enloquecidos por la criptozoología de los años 70, un investigador de Pie Grande llamado Peter Byrne envió una pequeña muestra de cabello ("alrededor de 15 cabellos adheridos a un pequeño trozo de piel") al FBI, escribiendo que había sido incapaz de identificar a qué criatura pertenecían.

El FBI, sorprendentemente, accedió a analizar las muestras... pero luego dejó de informarle a Byrne. Qué fastidio, ¿verdad? Algo nada sospechoso. Si bien cualquiera puede imaginar que los cabellos se pasaron por la oficina como una broma, en realidad, la agencia tomó la solicitud de Byrne muy en serio.

. . .

En 2019, una solicitud de la Ley de Libertad de Información hizo pública la tarea investigación sobre Pie Grande del FBI, y la documentación reveló que las pruebas realizadas, desafortunadamente para Byrne, que en ese momento tenía 93 años, demostraron que las muestras peludas habían pertenecido a un viejo ciervo completamente normal en lugar de a un hombre-mono norteamericano. Pobre tipo. Nada como una mala noticia que llega con 40 años de retraso, ¿eh?

El fenómeno de Pie Grande ha sido tan impactante que te sorprenderá saber que casi no hay imágenes de Pie Grande en línea que estén marcadas para su reutilización: todo está protegido por derechos de autor y no está disponible para uso gratuito de otros.

Leyendas de los hombres simios salvajes prevalecen en culturas de todo el mundo, ya sea el Pie Grande de América del Norte, el Yeti que merodea por el Himalaya o el Yowie de Australia. ¿Qué es lo que hace que estos mitad-hombres, mitad-monos sean tan populares?

Puede ser que, tal vez, la obsesión generalizada con Pie Grande se deba a la fascinación humana por la naturaleza salvaje de la que venimos. Una criatura que es tan similar a los seres humanos, pero aun así tan salvaje y libre, despierta nuestra imaginación y nos hace preguntarnos, en el fondo, si realmente estamos tan evolucionados de nuestros ancestros prehistóricos.

Quizás Pie Grande se remonta al antiguo concepto de un hombre incorrupto, llámalo Adán, llámalo sasquatch, llámalo como sea, cuya alma no ha sido desgarrada por los pecados de la humanidad. Por supuesto, la verdad podría ser más simple: un mundo con Pie Grande es mucho más emocionante que un mundo donde esta criatura no existe.

La famosa investigadora de chimpancés Jane Goodall hizo una vez la sorprendente confesión a NPR de que creía en Pie Grande, pero dijo: *"Bueno, soy una romántica, así que siempre quise eso".* En esta sola línea, Goodall captura la verdad central de por qué, cuando se trata de Bigfoot, la esperanza es eterna.

Entonces, por ahora, tal vez deberíamos simplemente disfrutar el mito, mantener nuestros ojos en el bosque y divertirnos contándonos historias.

2

Avistamientos e investigaciones

Ya hablamos de la evidencia más famosa de la existencia de Pie Grande. El video dura principalmente tres minutos y medio, y muestra el follaje de otoño granulado, hombres a caballo y paquetes de carne seca. El famoso metraje, utilizado durante décadas en todos los documentales sobre si Pie Grande era real o falso, se presenta como alguien que se divierte con su nueva cámara. Pero, aproximadamente dos minutos después, la lente de una cámara Cine Kodak de 16 mm alquilada capta algo extraño.

"Estábamos cabalgando junto al arroyo, disfrutando del cálido día de sol", dice Bob Gimlin, *"luego, al otro lado del arroyo, había algo de pie. Todo sucedió tan rápido"*. Lo que ve la cámara de Gimlin es una figura extraña, grande, parecida a un simio, que se mueve sobre sus patas traseras a través de un claro.

. . .

Por un breve momento, el animal parece mirar directamente a la cámara y, luego, desaparece.

Esta es la famosa película de Patterson - Gimlin que, según se informa, se filmó en octubre de 1967 en los bosques densamente arbolados del norte de California, y es una de las piezas cinematográficas más analizadas en la historia de Estados Unidos.

Para algunos, esta es una prueba definitiva de que Pie Grande es tan real como los gorilas de montaña o los narvales. Para otros, es un engaño junto con videos que afirman mostrar fantasmas, extraterrestres y personas lagarto. Pero Gimlin sabe exactamente lo que vio ese día. *"Caminó erguido y durante un largo trecho. No parecía un oso. He estado en el bosque toda mi vida, no hay duda en mi mente de lo que fue".*

Este animal escurridizo, posiblemente ficticio, posiblemente solo un experto en el escondite, tiene varios nombres diferentes: Pie Grande, Sasquatch, Yowie, Yayali, y durante siglos, personas en América del Norte han tenido avistamientos.

Muchas culturas nativas americanas han escrito leyendas orales que hablan de una criatura de tipo primate que deambula por los bosques del continente. En estos cuentos, los animales son a veces más parecidos a los humanos y, otras veces, más parecidos a los simios. En la mitología de la tribu Kwakiutl, que alguna vez pobló la costa occidental de la Columbia Británica, Dzunukwa es una hembra grande y peluda que vive en lo profundo de los bosques montañosos.

Según la leyenda, pasa la mayor parte de su tiempo protegiendo a sus hijos y durmiendo, por lo que rara vez se la ve. También, como sabemos, el nombre "Sasquatch" proviene de Halkomelem, que es de hecho un idioma hablado por varios pueblos de las Primeras Naciones que ocuparon la parte superior del noroeste de la Columbia Británica.

En California, hay pictografías de un siglo de antigüedad dibujadas por los Yokuts que parecen mostrar una familia de criaturas gigantes con cabello largo y desgreñado. Llamado "Mayak datat" por la tribu, la imagen se parece a la visión común de Pie Grande.

Algunas tribus realmente aman a Pie Grande y tienen una gran relación con él. Sin embargo, para otras tribus, como los Miwoks, es un ogro absoluto, un monstruo y es mejor dejarlo en paz. Hasta el día de hoy, muchos de los miembros de diversas tribus creen que Pie Grande camina entre nosotros.

. . .

Las investigaciones cuentan que algunos miembros tribales, cuando sucede algo extraño, suelen atribuirlo a Pie Grande.

Los nativos americanos no fueron los únicos que vieron a esta peluda criatura primate vagando por las tierras salvajes de América. Los periódicos del siglo XIX y principios del XX tenían secciones enteras dedicadas a los mineros, tramperos, buscadores de oro y leñadores que afirmaban haber visto "hombres salvajes", "hombres-oso" y "hombres-mono".

Otra historia famosa que ya conocemos es la de 1924, cuando un grupo de buscadores de oro que se refugiaba en una cabaña a lo largo del hombro del Monte St. Helens en el estado de Washington afirmaron que fueron atacados una noche por un grupo de "hombres-mono". Sin embargo, es momento de revelar que más tarde, uno de los buscadores admitió que no fueron ataques sin provocación. Habían disparado al azar a las criaturas más temprano ese día.

Incluso entonces, como se señala en el libro *Historical Bigfoot* de Chad Arment de 2006, estos relatos, como los de los buscadores en 1924, a menudo se consideraban con una sensación general de escepticismo debido a la naturaleza poco confiable de los testigos: es difícil saber qué salió del fondo de una botella de whisky y qué es real.

También hubo momentos en que un animal se confundió con otro, lo que posiblemente explique el origen del nombre "Pie Grande". Las cuentas de los periódicos muestran que "Pie Grande" era un apodo común para los osos grizzly particularmente grandes y agresivos que comían ganado, ovejas y atacaban a los humanos.

No fue hasta 1958 cuando un operador de tractores de California llamado Jerry Crew "encontró" una serie de enormes huellas de barro, que el término se popularizó en referencia a los animales parecidos a los primates. Y como sabes, ese mismo año, otro hombre llamado Ray Wallace también dijo que había descubierto grandes huellas pertenecientes a Pie Grande. Tras su muerte en 2002, se reveló que se trataba de un engaño.

En 1961, el naturalista Ivan T. Sanderson publicó su libro *"Abominable Snowmen: Legend Come to Life"*. En el libro, Sanderson usa huellas, testigos presenciales y muestras de huesos como evidencia potencial de "infrahumanos" que viven en los cinco continentes del mundo, incluido el Pie Grande de América del Norte y el Yeti del Himalaya (aunque otros creen que el Yeti es una especie diferente).

. . .

El trabajo de Sanderson llamó la atención de tanta gente que William Straus, un biólogo evolutivo de primates bien considerado de la Universidad John Hopkins, lo revisó para la revista Science y dijo que los estándares de evidencia de Sanderson son "increíblemente bajos" y que la evidencia es "cualquier cosa menos convincente". No obstante, Strauss admitió que sería una tontería y poco científico decir que las criaturas que describe Sanderson no existen en absoluto.

El libro de Sanderson fue seguido por la película Patterson - Gimlin seis años después. Gimlin dice que sucedió tan rápido que se considera a sí mismo y a Roger Patterson bastante afortunados de haber podido obtener imágenes del peludo y mítico animal que avanza pesadamente a solo unos metros de ellos.

Cuando vio las imágenes por primera vez unos días después, Gimlin se mostró bastante pesimista, diciendo que no sería suficiente para convencer a cualquiera. Declaró que no pensó que la película fuera tan buena. A sus ojos, la imagen se veía mucho peor de lo que se subió a internet y, sin embargo, se convirtió en un fenómeno.

. . .

Algunos, como el ex director del programa de biología de primates en la Institución Smithsoniana, John Napier, lo vieron como un engaño elaborado y bien hecho. Pero no todos lo vieron así, incluido Grover Krantz.

El profesor de antropología física en la Universidad Estatal de Washington y una autoridad líder en la evolución de los homínidos y las estructuras óseas de los primates, Krantz también creía en Sasquatch. Su creencia inquebrantable provino de testigos presenciales, el modo de andar de la criatura en la película de Patterson - Gimlin y, lo que es más importante, la estructura anatómica de las huellas encontradas.

Fueron las crestas dérmicas, donde se abren los poros de sudor en las palmas de las manos y las plantas de los pies, representadas en las huellas, lo que lo convenció de que al menos algunas eran auténticas.

Su teoría de trabajo era que Pie Grande era parte de la familia de los homínidos, la misma que los humanos compartían con los simios, y era descendiente de una enorme especie de primate que se creía extinta hace mucho tiempo y que una vez vivió en Asia, apropiadamente llamada *Gigantopithecus*.

. . .

En algún momento, hace millones de años, cruzó el Estrecho de Bering cuando todavía era un puente terrestre hacia América del Norte y evolucionó hasta convertirse en su propia especie en este continente.

Grover era ecléctico. Había muchas ideas que tenía que estaban una o dos décadas adelantadas a su tiempo y… cuando perseguía algunas de estas ideas, lo ridiculizaban. Cuando se le preguntó acerca de la posibilidad de que existiera Sasquatch, Krantz siempre fue inequívoco y dijo que lo "garantizó".

La convicción de Krantz en Pie Grande no ayudó a su carrera académica. Pasado por alto para las promociones y casi sin recibir la titularidad en el estado de Washington, sabía que la única forma en que podría convencer a sus colegas de la existencia de este primate era produciendo un cuerpo.

Entonces, se sabía que Krantz pasaba las noches en medio de los bosques antiguos del noroeste del Pacífico con una escopeta, literalmente, cazando Pies Grande. Racionalizó esto diciendo que era la única forma de lograr que la comunidad científica le creyera y que, técnicamente, no estaba en contra de la ley. *"Todavía no se ha establecido que el Sasquatch existe"*, escribió alguna vez, *"aprobar leyes contra el daño a los sasquatch actualmente tiene poco más sentido que proteger a los unicornios".*

Krantz murió en 2002 como una figura compleja a los ojos de la comunidad científica, muy respetado por su trabajo en la evolución de los primates, pero burlado por su creencia en Pie Grande. Sin embargo, durante la vida de Krantz y después de ella, la búsqueda de Pie Grande tomó vida propia. Surgieron más avistamientos, películas y libros, algunos de investigadores respetados.

Los documentales Pie Grande capturaron la imaginación del público. Salió la película *Harry and the Hendersons* y entretenía a las masas. Incluso Jane Goodall, la famosa experta en chimpancés, admite que existe la posibilidad de que exista un gran primate desconocido en el mundo.

En 2006, Laura Krantz, en ese momento reportera de NPR con sede en DC, leyó un artículo sobre el peculiar antropólogo que compartía su apellido. Originalmente pensó que solo era un hombre raro, pero luego, vio que él también era de Salt Lake City, como la familia de su padre. Estaban relacionados.

Como le dijo el abuelo de Krantz en ese momento, *"Oh, sí. Grover. Ese era mi primo. Solía venir a los picnics familiares y medir las cabezas de las personas con un calibrador".*

Esto comenzó el propio viaje de Krantz a la naturaleza en busca de Pie Grande, que documentó para su nuevo podcast *Wild Thing*, que emitió su primer episodio el 2 de octubre de 2018. Ella reconoce, al igual que su primo Grover, que sin un cuerpo (o esqueleto), es difícil convencer a otros de que este primate perdido hace mucho tiempo todavía existe en los bosques de América del Norte.

Para Krantz, mucha gente que piensa que Pie Grande existe, se da cuenta de que faltan pruebas. El tipo de prueba real que realmente haría que la gente se sentara y se diera cuenta de la veracidad de su existencia, no existe en este momento.

Pero las cosas que Krantz observó durante su investigación para el podcast le hicieron cambiar de opinión sobre la posibilidad de Pie Grande. La reportera dejó de pensar que Pie Grande era solo una leyenda, ahora no es capaz de decir sin más que Pie Grande nunca existió o no existe. Su investigación no le permite descartarlo por completo.

3

Escepticismo y posibilidades

Muchos investigadores tienen un interés inquebrantable a largo plazo en Pie Grande, y se ha hablado mucho sobre el tema. En realidad, los datos que tenemos en este momento, que incluyen huellas, pelos, vocalizaciones, fotos y los innumerables relatos de testigos presenciales, no respaldan fuertemente la noción de que Pie Grande es real.

Se ha llegado a la conclusión de que es un fenómeno sociocultural: que las personas están viendo todo tipo de cosas diferentes, combinándolas con ideas, memes y preconceptos que tienen en sus mentes, e interpretándolas como encuentros con un bípedo monstruoso parecido a un humano.

. . .

La criptozoología se superpone ampliamente con la zoología especulativa. Pie Grande podría no ser una especie de primate genuinamente desconocida (hasta donde sabemos, en este momento), pero ¿y si lo fuera?

Después de todo, es muy interesante preguntarse qué significaría la existencia de Pie Grande para la biología de campo y la ecología en América del Norte, para la conservación y el manejo de la vida silvestre, para nuestra comprensión de la evolución y diversidad de los primates, y para la relación que tenemos con el resto del mundo natural.

Para ser biológicamente consistentes, las vocalizaciones deberían ser homogéneas en toda América del Norte. Los Pies Grande supuestamente hacen ruidos, y una parte estándar de la tradición moderna de estas criaturas es que las personas pueden 'llamar' o incluso comunicarse con Pie Grande haciendo gemidos, gritos, rugidos o aullidos, o golpeando árboles o rocas para llevar lejos el sonido de la percusión de los golpes, estos sonidos se asemejan a los ruidos que se atribuyen a la criatura.

Lo que es notable es que estas vocalizaciones son fenomenalmente diversas: los 'aullidos de Ohio', la 'charla samurái', los gritos, silbidos, gruñidos y aullidos atribuidos a este animal superan con creces lo que esperaríamos de una sola especie animal que se comunica a largas distancias, y no hay nada parecido a la homogeneidad del tipo presente en las especies de primates conocidas.

Pie Grande aparentemente vocaliza mucho, de hecho, algunos de estos sonidos son de lo más increíble. Si nunca has escuchado los 'sonidos de la Sierra' o la 'charla samurái' grabada por Ron Morehead, bueno, te espera una sorpresa.

Pero lo más sorprendente es que no se parecen en nada a los otros que han sido reportados y grabados, y solo han sido escuchadas exclusivamente en una pequeña área.

Aun admitiendo la posibilidad de dialectos regionales y locales, de variaciones ontogenéticas, anuales o estacionales, o de que esta diversidad esté vinculada a una diversidad de roles funcionales (comunicación cercana frente a comunicación a larga distancia, llamadas de apareamiento frente a vocalizaciones de los padres, etc.), los ruidos y las llamadas son absolutamente diversos y no son homogéneos en lo más mínimo de una región a otra, como debería ser si estamos tratando con una especie de primate desconocida.

. . .

La conclusión debe ser que los ruidos tienen orígenes diversos, con lo se puede entender que en su mayoría son sonidos producidos por especies animales conocidas, incluyendo ganado, coyotes (y sus híbridos) y humanos. Y, sí, puede ser que muchos de los sonidos más increíbles de Pie Grande (la 'charla de Sumarai' y otras expresiones parecidas a un discurso entre ellos) fueran generados por personas.

Las huellas de Pie Grande serían fáciles de encontrar por personas que saben lo que están haciendo. Si Pie Grande es un animal increíblemente reservado (como algunos, aunque no todos, los defensores argumentan que lo es), podría creerse que sus huellas serían raras y difíciles de encontrar. Eso parece razonable.

Pero el hecho es que las personas que realmente rastrean especies animales conocidas en una capacidad profesional o técnica son casi universalmente de la opinión de que Pie Grande no es un animal real: (1) ellos y sus colegas, no encuentran evidencia de ello por sí mismos y (2) la evidencia que han visto es fraudulenta o poco convincente. Debes tener en cuenta que incluso algunos de los investigadores más destacados de Pie Grande, como por ejemplo el difunto René Dahinden, nunca encontraron pistas por sí mismos.

. . .

Para un mamífero grande que habita en el suelo, que deja huellas conspicuas y supuestamente se encuentra en todo el continente, Pie Grande es irrealmente críptico; si fuera real, los biólogos estarían al menos ocasionalmente encontrando e informando de sus huellas, al menos con la misma frecuencia que lo hacen con las huellas de mamíferos como glotones, jaguares, pumas y ocelotes, todos los cuales son extremadamente raros e incluso su estado de conservación es controvertido dentro de ciertas partes de los EE.UU.

El hecho de que las huellas de Pie Grande no sean encontradas por personas capacitadas y con la experiencia para hacerlo es una señal de alerta. Lo siento si esto suena elitista; incluso si es así, eso no impide que sea cierto.

Las huellas de Pie Grande también deberían ser más 'biológicas'. Un aspecto poco discutido de las muchas pistas de Pie Grande registradas es que son decididamente... limpias.

Sí, hay algunos ejemplos famosos que presentan lo que parecen cicatrices y abolladuras, además están las infames huellas de 'pie lisiado' de Bossburg... todas las cuales son de origen dudoso y están asociadas con personas que se piensa, incluso por los proponentes, como falsificadores.

. . .

Pero incluso dejando eso de lado, las pistas restantes son raras.

La famosa secuencia de huellas de Bossburg, estado de Washington, supuestamente fue hecha por un Pie Grande con un pie izquierdo malformado. Las huellas generalmente se encontraban junto a una carretera y podrían vincularse a una fuente considerada poco confiable incluso por los defensores de Pie Grande.

Por lo general, las huellas con las que se busca comprobar la existencia de Pie Grande se ven sumamente ordenadas y limpias. Con demasiada frecuencia, los dedos de los pies se colocan cuidadosamente juntos en estrecho contacto, y la planta del pie y la punta del pie son suaves y en su mayoría sin rasgos distintivos. De esto se puede concluir que estas no parecen huellas de animales reales, como deberían ser si Pie Grande fuera real.

En un primate con un pie similar al humano, especialmente uno enormemente grande, pesado y bípedo, los dedos de los pies deberían separarse constantemente, como lo hacen en las personas que pasan su vida sin zapatos.

. . .

Y, con base en la apariencia de los pies de los primates salvajes (incluidos los humanos), ¿no debería Pie Grande tener suelas retorcidas, ásperas, agrietadas, arrugadas y fisuradas?

Tal como están, las suelas y las marcas de dedos de las huellas de Pie Grande se parecen a las de los humanos que nunca han caminado descalzos al aire libre, y se alejan mucho de parecerse a las de un animal que vive en bosques y montañas, soporta condiciones de congelación al aire libre y camina rutinariamente en terreno accidentado.

Demasiadas huellas de Pie Grande son irrealmente 'ordenadas', con dedos muy juntos (sin separarse), ordenadamente paralelos y suelas limpias, sin rasgos distintivos. Parecen estar modelados a partir de los pies de humanos que usan zapatos, no de primates salvajes. También podrían discutirse las crestas dérmicas o la supuesta ruptura del tarso medio: tampoco se presentan como evidencia que respalde la realidad de Pie Grande.

Otro aspecto a considerar es que habría ADN de Pie Grande por todas partes. Cualquiera que se interese en Pie Grande sabe que ha habido varias afirmaciones recientes sobre el descubrimiento del ADN de la criatura. Hasta ahora, ninguno ha dado un resultado concreto.

. . .

En el estudio más conocido, el dirigido por Melba Ketchum, publicado en una revista de pago creada únicamente para llevar el estudio en sí, se informó que Pie Grande era una especie de híbrido entre el *Homo sapiens* y una segunda especie no identificada. Los resultados fueron ampliamente discutidos y ridiculizados por genetistas calificados que mostraron cómo los resultados genéticos parecían mezclar humanos con otros mamíferos, perros y osos entre ellos.

Ninguna de las secuencias pudo tomarse para apoyar la hipótesis de hibridación integral a las conclusiones. Y algunos genetistas están registrados describiendo el manuscrito como "totalmente absurdo".

Una idea popular en algunos sectores de la comunidad de Pie Grande es que el valor y la calidad del estudio de Ketchum fueron minimizados por científicos cobardes y editores de revistas que no tuvieron las agallas o la integridad para ver que recibiera un trato justo. De hecho, la propia Ketchum escribió sobre ser testigo de un gran sesgo e incluso se refirió al "Efecto Galileo".

El estudio de Ketchum, que se envió a varias revistas de primer nivel antes de su eventual publicación, se trató de manera exhaustiva y ética, y se consideró deficiente por las razones mencionadas anteriormente.

De todos modos, el punto principal es que el ADN que no puede explicarse más que por la existencia de un primate distinto desconocido no ha sido documentado, mientras que estaría presente en todas partes si Pie Grande fuera real, incluso si fuera una inusual subpoblación de *Homo sapiens*.

Y aquellos que piensen que esto es una tontería en vista de la ausencia o rareza de los supuestos restos de Pie Grande deben tener en cuenta que la recolección y el examen de eDNA, es decir, ADN residual recolectado del medio ambiente (sí, del agua, hielo y sedimentos), ahora está muy extendido y es una práctica común.

La conclusión principal, es que una gran cantidad de buena evidencia ya se habría documentado si Pie Grande fuera real.

Tan interesantes e intrigantes como son todos esos informes de testigos presenciales, simplemente no se ha encontrado la evidencia que deberíamos tener, ni la evidencia que tenemos es convincente. Entonces... ¿por qué es eso?

. . .

Además, la criatura ha sido objeto de historias de fogatas durante décadas. Un hombre mono bípedo, esquivo ante las cámaras, difícil de observar, que deambula por las regiones montañosas de América del Norte. Algunos lo llaman Sasquatch. Otros lo conocen como Pie Grande.

Miles de personas afirman haber visto al homínido peludo, pero la evidencia de su existencia es confusa. Hay pocas fotografías claras de la bestia de gran tamaño. Nunca se han encontrado huesos. Innumerables bromistas han admitido haber falsificado huellas.

Sin embargo, un pequeño pero vociferante número de científicos no se deja intimidar.

Arriesgando el ridículo de otros académicos, proponen que hay suficiente evidencia forense para garantizar algo que nunca se ha hecho: un estudio científico exhaustivo para determinar si el primate legendario realmente existe. Hay algunos científicos que afirman que, dada la evidencia científica que se ha examinado, es fácil convencerse de que hay allá afuera alguna criatura que no ha sido identificada aún.

Las historias de Pie Grande se remontan a siglos atrás. Los cuentos de simios gigantes míticos acechan en las tradiciones orales de la mayoría de las tribus nativas americanas, así como en Europa y Asia.

Los defensores de Pie Grande plantean la hipótesis de que el primate es descendiente de un simio de Asia que vagó por América del Norte durante la Edad de Hielo. Creen que hay al menos 2,000 hombres simios caminando erguidos en los bosques de América del Norte en la actualidad.

Se dice que un macho adulto mide al menos 8 pies (2,4 metros) de altura, pesa 800 libras (360 kilogramos) y tiene pies dos veces más grandes que los de un humano. Las criaturas se describen como tímidas y nocturnas, y su dieta consiste principalmente en bayas y frutas.

Matt Moneymaker había estado buscando a Pie Grande durante años. En los bosques del este de Ohio, afirma que finalmente se encontró cara a cara con el escurridizo primate.

"Eran las 2 de la mañana y la luna estaba un cuarto llena", recordó Moneymaker. *"De repente, allí estaba él, una criatura de dos metros y medio de altura, de pie a 15 pies de distancia, gruñéndome. Quería hacerme saber que estaba en el lugar equivocado".*

. . .

Moneymaker, que vive en Dana Point, en el sur de California, es un abogado que dirige su propia agencia de marketing. En su tiempo libre, dirige la Organización de Investigadores de Campo Pie Grande, una red de más de 3000 personas que afirman haber visto a la criatura. Desafortunadamente, nadie ha podido tomar una imagen clara de la bestia.

Quizás la evidencia fotográfica más convincente de Pie Grande es un controvertido cortometraje filmado por Roger Patterson en 1967, que parece documentar a una hembra de la especie caminando a lo largo de la orilla de un río en el norte de California. Ahora, los defensores de Pie Grande recurren cada vez más a la evidencia forense para probar la existencia de la criatura gigante.

El investigador Jimmy Chilcutt del Departamento de Policía de Conroe en Texas, que se especializa en huellas dactilares y huellas, ha analizado los más de 150 moldes de huellas de Pie Grande que Meldrum, el profesor de Idaho State, guarda en un laboratorio.

Chilcutt dice que una huella encontrada en 1987 en Walla Walla en el estado de Washington lo convenció de que Pie Grande es real. *"El patrón de flujo de la cresta y la textura eran completamente diferentes a todo lo que había visto"*, dijo.

"Ciertamente no era humano, y de ningún primate conocido que haya examinado. Las crestas de las huellas fluían a lo largo del pie, a diferencia de las huellas humanas, que fluyen transversalmente. La textura de las crestas era aproximadamente el doble del grosor de un humano, lo que indica que este animal tiene una piel realmente gruesa".

Mientras tanto, Meldrum dice que un bloque de yeso de 400 libras (180 kilogramos) conocido como *Skookum Cast* proporciona más evidencia de la existencia de Pie Grande. El molde se hizo en septiembre de 2000 a partir de una impresión de un animal grande que aparentemente se había acostado de costado para recuperar una fruta junto a un hoyo de barro en el Bosque Nacional Gifford Pinchot en el estado de Washington.

Meldrum dice que el yeso contiene impresiones reconocibles de un antebrazo, un muslo, las nalgas, el tendón de Aquiles y el talón. "Es entre un 40 y un 50 por ciento más grande que un humano normal", dijo. *"La anatomía no concuerda con ningún animal conocido".* Algunos académicos creen que Meldrum podría tener razón.

Incluso, la renombrada investigadora de chimpancés Jane Goodall sorprendió a un entrevistador de *National Public*

Radio cuando dijo que estaba segura de que existen grandes primates no descubiertos, como el Yeti o Sasquatch.

Pero la gran mayoría de los científicos todavía creen que Pie Grande es poco más que forraje de tabloide de supermercado.

Se preguntan por qué nunca se ha capturado a Pie Grande, vivo o muerto. Para algunos, la conclusión es que no tienen cuerpo, no existen.

Los fanáticos de Pie Grande notan que es raro encontrar un cadáver de un oso grizzly en la naturaleza. Si bien eso es cierto, los grizzlies no han escapado a la documentación fotográfica. Además, las muestras de pelo que se han recuperado de presuntos encuentros con Pie Grande han resultado provenir de alces, osos o vacas.

Mientras tanto, muchos de los avistamientos y huellas han resultado ser engaños. Después de que el rastreador de Pie Grande, Ray Wallace, muriera en un hogar de ancianos de California en 2002, sus hijos finalmente anunciaron que su padre amante de las bromas había creado el mito moderno de Pie Grande.

. . .

Muchos escépticos no se sorprenden por la avalancha de avistamientos de Pie Grande. Para ellos, es el mismo tipo de informes de testigos oculares que vemos para el Monstruo Marino del Lago Ness, ovnis, fantasmas, y demás criaturas míticas o sobrenaturales. La fascinación con los monstruos es un producto universal de la mente humana. Escuchamos tales historias de todo el mundo.

4

La lógica de creer en Pie Grande

Hace más de 70 años, Pie Grande entró por primera vez en la conciencia pública. *"Huellas gigantes desconciertan a los residentes"*, anunció un titular en el Humboldt Times. El pequeño periódico del norte de California informó que un equipo de construcción de carreteras había descubierto huellas humanas que tenían unas enormes 16 pulgadas de largo.

El periódico fue el primero en darle al misterioso animal que hizo las impresiones su memorable apodo, "*Bigfoot /* Pie Grande", y la criatura ha estado pisando fuerte en la imaginación estadounidense desde entonces.

Hoy en día, la bestia legendaria parece estar en todas partes: en películas para niños, en series de hasta 11 temporadas... Y la Organización de Investigadores de

Campo Bigfoot enumera al menos un informe para cada estado, excepto Hawai, durante las últimas dos décadas.

El avistamiento más reciente, en junio de 2018, fue realizado por una mujer en Florida que informó sobre una criatura que parecía "una gran pila de hierba empapada". Otra evidencia en la base de datos incluye supuestos excrementos de Pie Grande, nidos y ruidos.

Si un árbol cae en el bosque y no hay nadie cerca para escucharlo, es posible que no emita ningún sonido, pero parece que alguien informará que un Pie Grande lo derribó. El interés en la existencia de la criatura está en su punto más alto, aunque como ya vimos, pocos datos se acercan a ser evidencia consistente.

Por ejemplo, que la película de Patterson - Gimlin se haya creado en el mismo lugar en el que Wallace había montado su engaño es una de las razones por las que las personas dudan de su autenticidad. Los escépticos dicen que el animal era un hombre disfrazado, mientras que los creyentes argumentan que los movimientos y las proporciones del cuerpo de la criatura no pueden haber sido humanos.

. . .

El debate se ha estado librando durante medio siglo, lo que plantea una pregunta apropiada: ¿cómo es que la evidencia no ha mejorado a pesar del aumento exponencial en la cantidad y calidad de las cámaras? Sin embargo, la ausencia de evidencia tampoco es evidencia de ausencia. Los animales salvajes no son precisamente aficionados a las fotos, y los bosques cada vez más reducidos del planeta siguen desvelando sorpresas con regularidad, como el saola, un primo indómito de la vaca que fue descubierto por científicos en Vietnam en 1992.

Pero el saola no tenía legiones de aficionados cazándolo con cámaras. Con o sin pruebas contundentes, muchas personas claramente quieren creer en Pie Grande, lo que sugiere que estamos lidiando más con la imaginación humana que con la evolución humana.

Pie Grande es la manifestación estadounidense moderna de un concepto cultural humano, no una realidad zoológica. Tiene mucho en común con el Yowie australiano y el yeti del Himalaya: una postura erguida, cabello desgreñado y, por supuesto, pies grandes. Como los llamados hombres salvajes, sostienen un tosco espejo de nuestra propia especie: ¿Cómo sería el *Homo sapiens* si la civilización no lo hubiera eliminado de la naturaleza?

. . .

Algunas personas ven a estos criptohomínidos como símbolos de pura libertad, que viven por instinto y frustran todos los esfuerzos por atraparlos. Buscar a Pie Grande en el bosque es saborear esa libertad. En el camino, te vuelves más en sintonía con la naturaleza: el olor a excremento, los sonidos de las ramas al romperse, las curiosas impresiones en la tierra. Mientras haya lugares salvajes en Estados Unidos, Pie Grande sigue siendo una posibilidad que, para sus defensores más fervientes, no se puede refutar.

La búsqueda de Pie Grande emula un modo anterior de descubrimiento, cuando el nuevo conocimiento no era el producto de títulos avanzados y maquinaria costosa, sino de la curiosidad, la valentía, la paciencia y la supervivencia.

En el siglo XIX, el paisaje estadounidense reveló su majestuosidad a los colonos ordinarios que avanzaban hacia el oeste hacia un territorio no cartografiado por los europeos. Rastrear a Pie Grande hoy es canalizar ese espíritu de frontera (así como apropiarse de las tradiciones de los nativos americanos).

Pie Grande también encarna otros rasgos estadounidenses menos románticos, pero no menos duraderos, como la credulidad y el hambre de atención. Hay muchos videos falsos y el problema ha empeorado con las redes sociales, donde los engaños virales, como imágenes de drones de un supuesto Pie Grande en un claro en Idaho, pueden acumular millones de visitas.

Se cree que hay pruebas de la existencia de Pie Grande, pero a los investigadores de ideas afines les resulta difícil centrar la atención en este material en medio del creciente número de farsas obvias. Para muchos investigadores, la tecnología ha arruinado la antigua criptozoología.

Su queja se hace eco de las preocupaciones en la vida estadounidense más convencional, donde las tecnologías que prometían generar consenso, de hecho, han hecho que la verdad sea más difícil que nunca de discernir. En Internet, Pie Grande ha encontrado un hábitat mucho más hospitalario que los bosques de América del Norte.

Y es por eso que este fenómeno ha resonado en la cultura popular por décadas.

Sin duda la esperanza en la existencia de lo desconocido no es solo una mera distracción sino un motivante incluso. Resulta que Pie Grande no necesita existir para vivir para siempre.

5

Críptidos

Para los escépticos, la idea de la criptozoología es una tontería paranormal que tiene más que ver con la búsqueda de monstruos míticos que con la ciencia real. Sin embargo, se han realizado intentos de hacer que la criptozoología sea un poco más aceptada en la comunidad científica y de deshacerse de la idea de otros tipos de críptidos, como aquellos cuya existencia se transmite en el folclore y el mito.

La palabra "críptido" evoca algunas imágenes muy específicas. La mayoría de ellos están en la línea del monstruo del lago Ness o Pie Grande. Pero la definición real de un críptido es enormemente amplia y, a lo largo de la historia de la criptozoología, los involucrados en ella no han podido ponerse de acuerdo sobre cómo clasificar, definir e identificar un críptido.

. . .

Hay muchas ideas sobre lo que hace a un críptido, y el desacuerdo dentro de la comunidad significa que hay muchas formas diferentes de definir el concepto.

Según uno de los criptozoólogos más famosos, Loren Coleman, el estudio está dedicado al descubrimiento de criaturas que la ciencia moderna no reconoce formalmente.

Esa es probablemente la descripción más conocida de un críptido, pero Coleman dice que los críptidos también pueden ser criaturas que se pensaba que estaban extintas, pero ahora se rumorea que todavía existen. El término "críptido" se acuñó por primera vez en la década de 1980, seguido de varios años discutiendo sobre lo que significaba.

Bernard Heuvelmans, a menudo conocido como uno de los pioneros de la criptozoología, adoptó un enfoque más amplio de la idea cuando afirmó que un críptido es cualquier animal que ha dejado evidencia circunstancial o testimonial, pero no evidencia física.

Otras categorías propuestas de críptidos son animales fuera de lugar que aparecen en lugares mucho más allá de donde se espera que se los vea e incluso animales fantasmales que, según se informa, tienen una apariencia de otro mundo, como ojos brillantes, una forma espectral o la habilidad de aparecer y desaparecer misteriosamente sin dejar rastro.

Heuvelmans se burla de esta idea, ya que cuanto más te acercas a lo paranormal y la mitología, más te alejas del ámbito y las prácticas de la ciencia.

Sin embargo, Heuvelmans añadió algo claramente poco científico a la definición: para ser un críptido, dijo, un animal debe ser inesperado o diferente de alguna manera, pero también podría ser "emocionalmente perturbador".

Con esta distinción, Heuvelmans profundiza un poco más en la idea de las criaturas del mito y el folclore como críptidos. Cuando algo visto a medias en medio de la noche es aterrador, se cuentan historias al respecto. Las historias se vuelven a contar, se convierten en folclore local y la criatura se convierte en un críptido.

En 2004, Chad Arment escribió el primer libro de texto de criptozoología y estableció algunas pautas específicas para los diferentes tipos de criaturas que deberían considerarse críptidos, y lo hizo con la mirada puesta en la ciencia.

. . .

Para Arment, la criptozoología no es la investigación de lo paranormal; es parte de la misma ciencia que condujo al descubrimiento y confirmación de la existencia de animales como el okapi y el gorila de las tierras bajas, que alguna vez se consideró una exageración fantasiosa.

Sus cuatro tipos de críptidos son: animales que no tienen absolutamente ningún parecido con ninguna especie conocida pasada o presente, criaturas que supuestamente tienen un gran parecido con una especie que se creía extinta, criaturas que aparecen fuera de su rango geográfico aceptado y normal, e individuos dentro de una especie que son extraordinarios de alguna manera (por ejemplo, tamaño, color o forma).

Los criptozoólogos estudian los críptidos: criaturas cuya existencia aún no se ha probado (o no se puede probar del todo). Pie Grande, el monstruo del lago Ness, el diablo de Jersey, el Chupacabras, el hombre polilla y los hombres lobo son solo algunas de las muchas criaturas que se estudian en el mundo de la criptozoología. Pero, ¿sabías que algunas especies reales que conocemos hoy alguna vez fueron consideradas críptidas?

Hasta 1910, cualquier científico respetable se reía de las historias de un lagarto gigante en la isla de Komodo en Indonesia. Sin embargo, cuando el teniente Steyn van Hansbroek atrapó y mató a uno, las cosas cambiaron. Por su parte, el explorador W. Douglas Burden no estaba contento con solo un espécimen muerto y decidió viajar a la isla para capturar uno vivo.

Regresó a la ciudad de Nueva York con algunos especímenes muertos y no uno, sino dos dragones de komodo vivos. Los dragones se exhibieron en el zoológico del Bronx e inspiraron a Merian C. Cooper a escribir el clásico King Kong de 1933.

Otro ejemplo es el ornitorrinco. Si no estuvieras familiarizado/a con un ornitorrinco y miraras una foto de uno, sería fácil creer que era un pato, una nutria y un castor juntos. ¡Los naturalistas, los científicos y la mayoría de los europeos del siglo XVIII no creían que tal criatura pudiera existir! El segundo gobernador de Nueva Gales del Sur, el capitán John Hunter, envió una piel y un boceto de un ornitorrinco a los científicos de la comunidad europea en 1798, poco después de que se descubriera uno.

El zoólogo, anatomista, etólogo y médico Robert Knox estaba convencido de que se trataba de un engaño y que la piel había sido fabricada por un taxidermista asiático. Incluso convenció al botánico y zoólogo George Shaw; quien en ese momento creía que el ornitorrinco podía ser real, pero tenía sus dudas; llevar unas tijeras al pellejo para encontrar puntos de sutura. Varios años después,

después de muchas expediciones, se demostró que el ornitorrinco era real.

Una especie más es el okapi. También conocido como la jirafa del bosque, el okapi es una mezcla de cebra, burro, venado y antílope. Sin embargo, su vínculo genético más cercano son las jirafas. Los europeos de los siglos XVIII y XIX llamaron a este animal el "Unicornio Africano". Por supuesto, los africanos sabían que existía el okapi, ya que estos animales habitan en el bosque de Ituri en África central.

Debido a que los okapis rara vez se ven y son extremadamente difíciles de encontrar, fueron clasificados como crípticos durante muchos años. En 1901, Sir Harry Johnston encontró un esqueleto y una piel de okapi y los envió al museo británico, donde se clasificó como una nueva especie.

Y aquí va una sorpresa, ¡apuesto a que no esperabas ver gorilas en este capítulo! De hecho, la mayoría de los exploradores europeos pensaban que los gorilas eran "como monstruos". El primer avistamiento atribuido de un gorila por parte de un no africano fue realizado en el siglo V a. C. por el explorador griego Hanno.

. . .

La mayoría de los científicos de hoy creen que Hanno estaba describiendo chimpancés o babuinos a partir de su relato. Sin embargo, sus intérpretes llamaron a las criaturas que vio "gorilas" (interesante, ¿no?).

Otro explorador, Andrew Battel, relató haber visto "monstruos" parecidos a humanos visitar su fogata todas las mañanas después de que se fuera para el día. Por supuesto, tuvo que mencionar que no sabían cómo poner más leña en el fuego para mantenerlo encendido. Sin embargo, los gorilas siguieron siendo crípticos hasta 1847, cuando Thomas Savage encontró huesos de gorilas en Libera.

Savage, junto con el anatomista de Harvard Jeffries Wyman, escribió una descripción formal de la nueva especie, llamándola *Gorilla gorilla*. Una década después, el antropólogo Paul du Chaillu cazó gorilas vivos para obtener especímenes para analizar. Una especie de gorila, el gorila de montaña (*Gorilla beringei*), siguió siendo un críptido hasta 1902, cuando el capitán alemán Robert von Berigne identificó uno por primera vez.

Muchas personas aún consideran que el calamar gigante es un críptido. Al igual que la mayoría de los críptidos, que tienden a vivir en hábitats que son difíciles de encontrar para los humanos, los calamares gigantes viven en las profundidades del océano. Las primeras imágenes de un calamar gigante fueron tomadas en 2004 por investigadores en Japón, y en 2006, científicos del Museo Nacional de Ciencias de Japón capturaron un calamar gigante hembra vivo de 24 pies.

Cada pocos meses, hay otro informe de noticias de un calamar gigante muerto que llega a la costa. Aunque algunas personas consideran que el calamar gigante es un engaño, la evidencia científica dice lo contrario.

El bondegezou es uno de los espíritus ancestrales del pueblo Moni en Papua Nueva Guinea Occidental. Sus lazos con la mitología de Papúa Nueva Guinea Occidental hicieron del bondegezou un críptido durante décadas. No fue hasta la década de 1980 que Tim Flannery, un científico australiano, tomó la primera fotografía de un bondegezou.

El Sr. Flannery identificó al animal como un marsupial arborícola que parecía un hombre diminuto. ¡Tiene pelaje blanco y negro e incluso camina sobre dos patas! Desafortunadamente, el bondegezou está en la lista de especies en peligro de extinción.

. . .

¡Es difícil creer que los canguros alguna vez fueron críptidos!

La primera descripción de un canguro la hizo Amerigo Vespucci en 1499, cuando viajaba por la costa sur de Australia.

Lo describió como una bestia monstruosa con cabeza de zorro, manos de hombre, cola de mono y una bolsa que se utiliza para llevar a sus crías. En 1629, Francisco Pelsaert capturó un canguro, pero murió en su viaje.

¡No fue hasta que Sir Joseph Banks redescubrió al canguro en el viaje del Capitán Cook en 1770 que el canguro pasó de ser un mito divertido a una especie real!

Estos son solo algunos críptidos que se han convertido en especies oficiales. El campo de la criptozoología nos muestra que hay muchos animales en nuestro planeta que no entendemos. Pero, solo porque no entendemos algo, no significa que no pueda existir.

La Tierra es un hermoso planeta lleno de todo tipo de críptidos extraños y espeluznantes que acechan donde menos lo esperamos. Todavía hay esperanza de que más críptidos, como Pie Grande, el diablo de Jersey, El Chupacabra, el Orang Pendek y otros, algún día también puedan probar su existencia.

Críptidos humanoides

Muchos críptidos reportados son humanoides, o similares a los humanos en su anatomía. También se cree que algunos son inteligentes a nivel humano, ya que parecen haber evolucionado en un camino similar. En los siguientes capítulos, descubriremos algunos críptidos de este tipo, similares a Pie Grande.

Los críptidos humanoides suelen tener una o más de estas características: dos ojos (visión binocular), la capacidad de caminar erguidos (bipedalismo biomecánico), pulgares oponibles, no son del todo humanos (como humano mezclado con otro animal antropomórfico, habilidad para construir estructuras y la capacidad de comunicarse con otros humanoides.

6

Yeti

Es posible que lo hayas visto en libros de cuentos o en videojuegos, en *Scooby Doo* o en *Monsters Inc*. E incluso si nunca has viajado a los Estados Unidos, lo conoces: el Yeti (también puedes llamarlo el Abominable Hombre de las Nieves, y de hecho hablaremos sobre ese nombre y por qué es un gran problema en la historia de la tradición del Yeti).

Claro, puedes imaginártelo: una criatura corpulenta de pelaje blanco capaz de romper a un hombre por la mitad y luego probablemente comérselo después. ¿Te sorprendería saber que es una adición bastante reciente a la historia?

El Yeti es en realidad uno en una familia de criaturas: los hombres-mono. El Yeti es solitario, misterioso e inteligente, y vive en áreas remotas a lo largo del Himalaya. Eso es algo bueno: uno de los cuentos tradicionales contados por los sherpas dice que a medida que sale el sol, el Yeti crece y se hace más fuerte.

¿Y cualquiera que tenga la mala suerte de verlo? Esa persona se debilitará y perderá el conocimiento. No está claro qué les sucede después de eso y, sinceramente… probablemente no saberlo sea lo mejor.

Incluso en la cultura occidental, las historias del Yeti están tan extendidas que parece que ha sido parte de la tradición occidental desde siempre… pero es una incorporación bastante nueva. Según el doctor Daniel Capper, Profesor Asociado de Religión en la Universidad del Sur de Mississippi, la primera mención del Yeti en el mundo de habla inglesa provino de Brian H. Hodgson.

Hodgson fue un representante de los británicos que vivió en las cortes reales de Katmandú entre 1820 y 1843 con asistentes nepalíes que le contaron las primeras historias del Yeti. En ese entonces, fue descrito como un hombre salvaje que se movía erguido, estaba cubierto de cabello largo y oscuro y no tenía cola.

No fue sino hasta 1889 que el mayor Lawrence A. Waddell informó haber encontrado las huellas del hombre salvaje, y luego, en algún momento alrededor de

1904, se produjo el primer avistamiento. William Hugh Knight, un soldado británico estacionado cerca de la ciudad india de Gangtok, dijo que vio a la criatura, quien, agregó, afortunadamente no lo vio a él.

Knight describió al Yeti en 1921, diciéndole a The Times que medía un poco menos de seis pies y estaba casi completamente desnudo en ese frío glacial.

Su cuerpo era una especie de amarillo pálido por todas partes, tenía una mata de enmarañado pelo en la cabeza, poco pelo en la cara, pies muy separados y manos grandes y formidables. Su desarrollo muscular en los brazos, muslos, piernas, espalda y pecho parecía fantástico.

Hay algo increíblemente perdurable en la idea del hombre-mono; pues resulta que cada continente tiene su propia versión de él (excepto, por supuesto, la Antártida). En Rusia, la misteriosa criatura parecida a un Yeti se llama Almasty, y en la década de 1870, los terratenientes locales en una parte remota de la región del Cáucaso de Rusia afirmaron que habían atrapado una.

La llamaron Zana y la mantuvieron cautiva durante años, tiempo durante el cual se la describió como "muy grande, fuerte, con todo el cuerpo cubierto de pelo". Zana dio a luz a cuatro hijos durante su cautiverio, y algunos de sus descendientes aún viven hoy.

En 2013, el profesor de genética humana de la Universidad de Oxford, Brian Sykes, analizó muestras del ADN de sus descendientes vivos, junto con ADN extraído del diente de uno de sus hijos. Contrariamente a las afirmaciones de que la criatura era un neandertal o un Almasty, el profesor descubrió que parecía haber sido 100 por ciento africana subsahariana.

Al examinar el cráneo de su hijo, Khwit, descubrió que tenía algunas características antiguas, como un arco superciliar elevado; lo que sugería que tal vez era "un remanente de una migración humana anterior fuera de África" y no un Almasty.

Según el profesor Daniel Capper, las historias incluyen algunas vertientes religiosas, como la contada por Lama Sangwa Dorje, líder religioso sherpa del siglo XVII, quien escribió que cuando era joven decidió que quería fundar monasterios en la región de Khumbu. Buscando orientación, se retiró a una cueva y comenzó a meditar.

Es típico que las personas proporcionen comida y agua a los hombres religiosos que meditan, pero el cuidador de

Sangwa Dorje era un Yeti. El Yeti no solo le llevó comida, agua y combustible para su fuego, sino que también comenzó a aprender los caminos de Buda y se convirtió en discípulo. Cuando el Yeti murió, Sangwa Dorje conservó su cuero cabelludo y una mano, trasladando las reliquias sagradas a un lugar de honor en el monasterio de Pangboche Gompa.

Su historia no es la única de los Yetis devotos: en Bután, se creía que, en medio de la noche, cuando todos los humanos se habían ido y dormido, los Yetis cuidarían un templo dedicado a Palden Lhamo, una deidad protectora. Entrarían sigilosamente al amparo de la oscuridad, limpiarían y volverían a llenar los tazones de las ofrendas, se asegurarían de que las lámparas estuvieran llenas y desaparecerían antes de que saliera el sol y la gente regresara.

Según el profesor Daniel Capper, los Yetis originales de la región del Himalaya eran en realidad muy agradables.
    El arte de los templos en el Tíbet los representa como criaturas felices y sonrientes que son muy parecidas a los humanos, y hay un montón de historias sobre la bondad de los Yetis como individuos, incluso comparándolos con bodhisattvas, figuras budistas que dedican sus vidas a terminar con el sufrimiento y ayudar a otros a alcanzar la iluminación.

. . .

Los Yetis eran bien conocidos en los países del Himalaya por ayudar a los viajeros perdidos en las montañas y devolver amabilidad con amabilidad. No se los consideraba completamente humanos, sino también algo más que animales: en obras de arte que representan el patrón de renacimiento y reencarnación, muchas obras de arte de meditación muestran al Yeti existiendo en su propia categoría separada por debajo de los humanos. pero por encima de los animales, capaces de pensamiento y bondad.

Entonces, ¿por qué Occidente piensa en el yeti como un monstruo? En 1921, un periodista llamado Henry Newman entrevistó a miembros de una expedición al Monte Everest. Le hablaron del "metoh-kangmi" del que hablaban sus guías, un gran hombre-oso.

La palabra en realidad significa "hombre-oso-hombre de nieve", pero Newman la tradujo como "muñeco de nieve sucio". No le gustó particularmente el término "sucio", así que lo cambió a "abominable", la gente lo aceptó y, de repente, el Yeti no era tan agradable.

Los Lepcha son un grupo de personas que viven en el este de Nepal, el oeste de Bután y Bengala Occidental en la India (a través de Britannica). Y, por su parte, ellos también cuentan historias del Yeti, pero para ellos, él es un poco diferente.

Los Lepcha le dan al Yeti otro nombre: Chu Mung, o "Espíritu del Glaciar". Chu Mung es su dios de la caza y las criaturas del bosque. La investigación realizada por Kerry Little de la Universidad Tecnológica de Sydney, Australia, descubrió historias tradicionales de Lepcha, incluidas historias del Yeti.

Después de que los cazadores de Lepcha matan a un venado, realizan un ritual: cortan una pezuña, una oreja y la lengua, extraen los riñones y el corazón, y beben un poco de la sangre del venado mientras aún está caliente. Las piezas del ciervo se envuelven en cuero y se ofrecen al dios de la caza, por varias razones. Primero, esperan que la ofrenda sea de su agrado y que la próxima vez tengan una cacería exitosa.

¿En segundo lugar? La antigua creencia dice que un Yeti, o Chu Mung, recuperará una muerte que se deje en el bosque durante la noche y la devolverá a la vida. No puede resucitar a una criatura que no está completa, por lo que los cazadores eliminan partes del animal. También hay historias de familias que reciben niños expósitos en su hogar, solo para que crezcan muy, muy rápido: Los que son amables reciben bendiciones, ¿y los que no son amables? Ellos pagan el precio.

A principios de la década de 1930, un joven zoólogo llamado Ernst Schäfer vivía la gran vida como lo que Der Spiegel describió como "el Indiana Jones de la zoología", cortejado tanto por Estados Unidos como por Alemania por su conocimiento científico y de caza. En lo que más tarde llamó su "mayor error", eligió... mal. Fue convocado de regreso a Alemania en 1936 y se unió a Heinrich Himmler.

Himmler lo puso en contacto con la Sociedad Ahnenerbe, que creía en una "cultura original nórdico-atlántica" que había sido destruida cuando una luna chocó con la tierra. También creían que los restos de esta raza sobrevivieron en el Himalaya, y pronto organizaron y financiaron una expedición para, al menos en parte, encontrar restos de esa raza.

Por su parte, Schäfer estaba más interesado en el conocimiento zoológico que todavía estaba en gran parte oculto en el Tíbet, y aquí es donde entramos en territorio Yeti. La expedición regresó a Alemania con miles de pájaros muertos, huevos, pieles, insectos y artefactos, junto con un oso disecado que algunas personas creían que era prueba de un Yeti.

• • •

¿Los nazis realmente creían que lo era? Pues en realidad, no. Schäfer pasó un buen rato argumentando que lo que llevaron a Alemania no era un Yeti en absoluto, sino un oso tibetano. No se sabe qué tan molesto estaba Hitler al respecto.

Cuando das un paso atrás y miras la historia, la idea de un misterioso hombre mono que vive en las montañas del Himalaya es... bueno, bastante increíble, ¿verdad? Entonces, ¿por qué ha sido tan popular durante tanto tiempo?

Parte de la razón es que la foto más famosa de una huella de Yeti no solo era muy real, sino que fue tomada por un montañero muy respetado. En 1951, el explorador británico Eric Shipton estaba en el glaciar Menlung (al oeste del monte Everest) cuando tomó una foto de una huella enorme y de aspecto extraño.

La huella era increíblemente afilada, de unas 13 pulgadas de largo, y definitivamente parecía una huella... hecha por un pie con un pulgar. Y dado que fue Shipton, quien tuvo una larga carrera escalando montañas en Nepal, África y América del Sur y luego relató sus aventuras en ocho libros, quien tomó la foto, nadie lo cuestionó.

• • •

Entonces, ¿de qué era la foto? Daniel Taylor, autor de *"Yeti: La ecología de un misterio"*, ha estado en Nepal y ha visto huellas similares. Los cazadores locales le dijeron que probablemente era de un oso de árbol, una especie particular de oso que tiene un apéndice en forma de pulgar debido a años de vivir en árboles, romper bambú y sostener ramas.

Dos años más tarde, después de que el grupo de Edmund Hillary finalmente logró escalar el Monte Everest, cierto tipo de medio de comunicación dirigió su atención a otra parte: el misterioso Yeti que se rumoreaba que vivía allí. En 1953, un periodista llamado Ralph Izzard se asoció con The Daily Mail para montar una expedición para encontrar el Yeti y otros periódicos informaron que todo era una especie de broma.

Izzard y otros ocho se dirigieron al Himalaya durante 16 semanas, en uno de los terrenos más difíciles del mundo. En su haber, incluyó a científicos y montañeros, junto con 12 sherpas y 200 porteadores. También enviaron un grupo de exploradores: el Dr. Charles Stonor salió primero, y debe haber estado muy emocionado cuando conoció a un lugareño que afirmó haber tenido un encuentro con un Yeti solo tres meses antes. Creyó las historias, vio lo que pensó que eran huellas y el equipo las siguió, con una bandera con la imagen de dibujos animados de "*Bing the Snow-Baby*".

. . .

Cuando regresaron, no tenían evidencia real, aunque algunos de los miembros del grupo estaban convencidos de que habían visto suficientes huellas y escuchado suficientes historias para decir sin lugar a dudas que era real. Otros estaban menos impresionados por la evidencia circunstancial, ¿y *The Daily Mail*? En 2018, siguen publicando artículos sobre la expedición con títulos como "Mentiras de los cazadores de Yeti".

En la década de 1990, las reliquias del Yeti desaparecieron del Monasterio de Pangboche. Lo que les sucedió es una historia extraña… Los occidentales se dieron cuenta por primera vez de que las reliquias del Yeti estaban allí en la década de 1950, cuando un grupo en una expedición para encontrar un Yeti tropezó con el monasterio e informó que el cuero cabelludo del Yeti probablemente era de una cabra o un antílope, pero la mano no se parecía a la de un ser humano o un primate.

Peter Byrne, líder de la expedición de 1957, negoció con los monjes del templo: tomaría uno de los dedos y, a cambio, les daría un dedo humano de reemplazo y una fuerte donación para el mantenimiento del templo. Pero sacarlo del país y devolverlo a Inglaterra resultó difícil, y Byrne necesitaba pasarlo de contrabando primero a la

India y luego encontrar alguna forma de llevarlo de regreso a Londres.

La respuesta fue la ropa interior de la esposa de una estrella de cine. Más específicamente, Gloria Stewart, la esposa de Jimmy Stewart. Estaban de vacaciones en Calcuta, y ella metió el dedo en su estuche de lencería, que los funcionarios de aduanas británicos fueron demasiado correctos para registrar.

El dedo no se analizó hasta 2011, ¿y el ADN? Humano.

También hay una nota triste al pie de página: después de que un documental de la década de 1990 que los menciona se publicara en Estados Unidos, la mano y el cuero cabelludo fueron robados del monasterio. Mike Allsop, un piloto de Nueva Zelanda, trató de enmendarse al presentarle al monasterio una réplica hecha por Weta Workshop (famoso por El Señor de los Anillos) con la esperanza de permitir que el templo lo usara una vez más para atraer visitantes.

Bután es impresionante, y a veces se le llama "el último Shangri- la". Están haciendo todo lo posible para preservar algunos de sus paisajes naturales más vírgenes... con la ayuda del Yeti.

. . .

En 2003, Bután reservó un área protegida de 650 kilómetros cuadrados llamada Santuario de Vida Silvestre Sakteng con la ayuda de una subvención de $700,000 de la Fundación MacArthur (otorgada a través del Fondo Mundial para la Naturaleza), y la razón específica para establecer esa reserva en particular fue proteger "el hábitat del Yeti, conocido en Bután como el migoi, u hombre fuerte".

¿Verdadero? Pues… sí, incluso su sitio oficial dice que protegen "hasta al mítico Yeti". Y aquí está la cuestión: también están protegiendo el hábitat de especies como el leopardo de las nieves, el ciervo ladrador, el guacamayo asamés, el panda rojo y el oso negro del Himalaya. Entonces, ¿por qué no arrojar el Yeti allí también? Ya sabes, por si acaso.

A pesar de que un representante del mundo occidental aún tiene que sentarse con un Yeti a tomar una taza de té y unas buenas galletas para aclarar un montón de dudas (al menos en el registro), se ha recopilado una tonelada de evidencia en forma de cosas como cabello y dientes. Ahora tenemos la capacidad de hacer pruebas de ADN, ¿también? ¡Absolutamente!

. . .

En 2013, un genetista de la Universidad de Buffalo recibió una llamada de Animal Planet, que estaba trabajando en la elaboración de una investigación científica sobre el Yeti. Charlotte Lindqvist aprovechó la oportunidad, principalmente porque sospechaba que gran parte de la "evidencia" provenía de osos salvajes, y no es fácil obtener una muestra de ADN de los osos salvajes.

Lindqvist hizo un análisis de ADN en nueve muestras que terminaron siendo un fémur de un oso pardo tibetano, un diente de perro, pelo de un oso pardo y varios otros fragmentos de osos pardos y un oso negro asiático solitario.

¿Qué pensó Animal Planet de los resultados? Lindqvist cuenta que cuando tuvo que revelarles que las muestras que tenían eran en realidad de osos, se emocionó, pues ese fue el motivo inicial por el que se involucró en la investigación. Por su parte, en la cadena obviamente estaban un poco decepcionados.

Gastar un montón de dinero en secuenciar el ADN para averiguar si algunos huesos son realmente de un Yeti puede parecer una gran pérdida de recursos, pero en realidad es increíblemente importante, y he aquí por qué.

. . .

Sí, cuando Charlotte Lindqvist, de la Universidad de Buffalo, llevó a cabo su estudio de ADN sobre supuestas reliquias de Yeti y descubrió que eran de varios tipos de osos, fue un gran problema. Sin embargo, mientras recolectaba, estudiaba y secuenciaba restos de "Yeti", Lindqvist en realidad estaba construyendo un perfil genético de los osos locales, lo que podría, a largo plazo, ayudar a los científicos y conservacionistas a comprender mejor cómo protegerlos.

También aprendieron mucho sobre los osos pardos del Himalaya en peligro crítico: específicamente, descubrieron que son mucho más antiguos que otros tipos de osos pardos y se separaron del árbol evolutivo hace unos 650,000 años. Ese increíble conocimiento se produjo porque, por primera vez, pudieron construir un genoma mitocondrial completo de las raras especies de osos, y eso es genial.

Entonces, aunque no encontraron evidencia de un Yeti, sí encontraron algo más esquivo… y nos gusta pensar que el viejo Yeti, el Yeti amistoso, el Yeti del bosque y la caza, el Yeti protector de los seres vivos, estaría orgulloso de eso.

7

Yowie

Desde serpientes hasta escorpiones, el interior de Australia contiene una gran cantidad de animales temibles. Pero la leyenda también dice que este vasto desierto es el hogar de más de una criatura mítica, incluida una bestia parecida a Pie Grande llamada Yowie.

Aunque los relatos de los europeos solo datan del siglo XIX, se cree que las historias de los aborígenes indígenas de Australia se remontan mucho más atrás. Estos cuentos hablan de una enorme bestia similar a un simio, que le valió apodos como el "hombre peludo del bosque".

En 2021, en Queensland, sucedió un desgarrador avistamiento de Yowie. Los tres hombres que lo descubrieron apenas podían creer lo que veían. Allí, en una calle oscura de Queensland, Australia, en diciembre de 2021, se encontraron cara a cara con un Yowie.

Stirling Slocock-Bennett, Seamus Fitzgerald y otro hombre, todos trabajadores de una plantación, afirman haber visto al escurridizo críptido.

"Estábamos completamente incrédulos de lo que estábamos viendo", dijo Stirling Slocock-Bennett, *"definitivamente fue un momento aterrador para mí, como dije, estaba tan confundido y conmocionado por lo que estábamos viendo, y a medida que nos acercábamos más y más, no tenía el sentido que esperaba"*.

Los tres hombres se encontraron con el supuesto Yowie el 4 de diciembre cuando se dirigían al campamento base de Jimna.

Lo que cuentan es que primero notaron una "figura encorvada" que acechaba debajo de una farola. Fitzgerald describió a la bestia con una cara de "simio" y "brazos largos".

Los hombres inicialmente pensaron que era un jabalí o un animal realmente grande, hasta que se acercaron y lo vieron correr como un simio. La experiencia los dejó conmocionados y cuestionando su comprensión del mundo. *"Realmente nunca antes había tenido una experiencia paranormal o extraña como esa"*, dijo, y agregó: *"Apenas dormí esa noche y la sensación fue abrumadora de que había visto algo en lo que nunca había creído antes"*.

Su avistamiento animó a otros a explorar el norte de Queensland con la esperanza de echar un vistazo a un Yowie, que aparentemente emerge a menudo durante las tormentas.

Y la experiencia de Fitzgerald lo ha inspirado a aprender más sobre la bestia mítica, pues, de acuerdo a sus propias declaraciones, quedó intrigado por descubrir lo que otras personas han visto y experimentado.

De hecho, el suyo no es el primer avistamiento de Yowie en la historia de Australia. Se han producido encuentros dispersos con la bestia desde 1790 hasta hoy. La leyenda del Yowie comienza con los aborígenes de Australia. La tribu Kuku Yalanji del extremo norte de Queensland afirma que coexistieron durante mucho tiempo con los Yowie, aunque, según los informes, los han atacado en más de una ocasión.

. . .

Según la leyenda, hay dos tipos de Yowie. Uno puede crecer hasta diez pies de altura; los otros cuatro o cinco pies de altura.

En general, se les describe con caras de simio y cabello castaño anaranjado que crece entre dos y diez pulgadas de largo.

Aunque la criatura suele ser tímida, puede volverse agresiva y violenta.

Aunque muchos, naturalmente, dudan de la existencia del Yowie, algunas pinturas rupestres aborígenes parecen representar criaturas altas y peludas pintadas junto a humanos aborígenes. Algunos han sugerido que esta es una señal de que el Yowie fue un homínido primitivo que desde entonces se extinguió, o tal vez simplemente desapareció en las profundidades del interior de Australia, lejos de los ojos humanos.

Desde el siglo XIX, abundan los avistamientos registrados de la criatura.

Un registro escrito de 1842 habla sobre los nativos de Australia y un ser al que describen como parecido a un hombre, de casi la misma altura, con cabello largo y blanco colgando de la cabeza sobre las duras facciones, los brazos extraordinariamente largos, amueblados en las extremidades con grandes garras, y los pies vueltos hacia atrás, de modo que, al alejarse del hombre, la huella del pie parece como si el ser hubiera viajado en la dirección opuesta. En conjunto, lo describen como un monstruo horrible de carácter extraterrestre y apariencia de simio.

Mientras tanto, un informe de la década de 1880 afirma que el naturalista Henry James McCooey vio a la criatura en Nueva Gales del Sur. Pero según él, medía solo un metro y medio de altura y "no tenía cola y estaba cubierto de un cabello negro muy largo".

Las descripciones del Yowie ciertamente han variado a lo largo de los años, pero el terror y la maravilla han permanecido iguales, hasta el momento presente. E incluso al día de hoy, la leyenda del Yowie todavía parece tener control sobre Australia.

Según Dean Harrison, de *Australian Yowie Research*, cientos de personas han informado de avistamientos del críptido en los últimos años. Incluso supuestamente ha visto uno él mismo.

Harrison calificó la experiencia como "un cambio de vida", como nada que hubiese visto antes.

. . .

Él dijo: *"Pensé que iba a morir, pero luego comenzó a correr delante de mí y me desvié de la línea de árboles del bosque".*

Un cazador de Yowie llamado Steve Piper capturó a lo que él cree que es la misteriosa criatura en un video en el 2000. Esa película ha alcanzado notoriedad entre los entusiastas de los críptidos, al igual que la película de Patterson-Gimlin de los Estados Unidos que alega representar Pie Grande.

¿Existe el Yowie? ¿Son verdaderas las antiguas leyendas?

Algunas personas, incluidos Slocock-Bennett, Fitzgerald y su compañero de trabajo, ciertamente insistirán en que la criatura realmente está ahí afuera. Al igual que Pie Grande o el Yeti, se supone que esta bestia legendaria se esconde en lo profundo del bosque y rara vez se cruza en el camino del hombre. Pero tal vez necesites verlo para creerlo.

8

Orang Pendek

Pie Grande, Yeti, Agogwe. Estos nombres evocan imágenes de simios bípedos míticos gigantes, relegados principalmente a la materia de fantasía para la mayoría de la población. Pero, ¿podría haber un primate bípedo desconocido viviendo en las selvas de Sumatra, Indonesia?... Uno cuyas historias han llamado la atención de *National Geographic* y otras organizaciones internacionales.

Esta criatura se conoce con el nombre de Orang Pendek, y aunque puede que no sea tan conocido o grande, como sus hermanos Pie Grande y el Yeti, esta criatura no es una leyenda para aquellos que la han visto. Para muchos investigadores y testigos presenciales, el Orang Pendek es un fenómeno extraño.

. . .

El Orang Pendek, o "pequeña persona" en indonesio, se describe como una criatura bípeda, peluda, parecida a un simio que tiene rasgos humanos dominantes. Alex Schlegel, un neurocientífico cognitivo que participó en un proyecto de cámaras trampa de cuatro años en busca de la criatura, proporcionó más contexto sobre el nombre Orang Pendek.

"Orang Pendek" en Indonesia solo significa "persona baja". Es como si "orangután" en realidad significara "persona del bosque". Y Schlegel argumenta que a él se le podría denominar "orang". Orang es una palabra interesante y no se asimila tanto al concepto de simios contra humanos. Le asignan este mismo nombre a todo, "Orang", y esto te da una idea de quizás un espectro a lo largo del cual, dentro de la concepción indonesia, todos nos encontramos.

Las descripciones de la criatura van desde $2 \; ½$ pies, hasta 5 pies cuando utiliza una postura bípeda. El rango de altura más bajo se correlaciona estrechamente con un gibón macho, mientras que el rango de altura más alto se correlaciona con un orangután macho de pie.

Se describe que tiene un cuello corto y cuadrado, un pecho y hombros anchos, brazos largos y una parte superior del torso robusta y musculosa. Su cabello corto y oscuro cubre su cuerpo, mientras que una cabellera más larga, a veces denominada "melena", cubre su rostro.

La cara es similar a la humana con algunas diferencias notables, como una frente poblada, una nariz chata, sin mentón, dientes caninos grandes o largos y una frente reclinada.

Muchos escépticos descartan los avistamientos del Orang Pendek, calificándolos como orangutanes mal identificados, a pesar de que los orangutanes solo se encuentran en el norte de Indonesia y no en las áreas donde comúnmente se avistan orangutanes.

La mayoría de los informes del Orang Pendek lo describen como una criatura que camina sobre dos piernas con una postura erguida. Balancea sus brazos de una manera muy similar a la de un humano. Sin embargo, un informe relatado por el antropólogo Gregory Forth en su libro "Imágenes del hombre salvaje en el sudeste asiático: una perspectiva antropológica", habla de un oficial colonial holandés en el siglo XX que fue testigo de cómo la criatura se echaba sobre sus manos y pies para huir.

. . .

Otro relato de la misma época cuenta que la criatura se estabilizó usando sus manos para agarrarse al follaje mientras caminaba por la jungla. Estos relatos parecen reforzar la teoría de que el Orang Pendek es simplemente un primate conocido mal identificado que no es principalmente bípedo. Sin embargo, la evidencia física reunida para el Orang Pendek, cuenta una historia diferente.

Se recopiló una variedad de huellas a principios del siglo XX, cuando las historias de los Orang Pendek de los lugareños estaban atrayendo la atención de los colonizadores holandeses.

Los pies de Orang Pendek se describen como cortos y anchos y se asemejan a un humano con un talón estrecho y redondeado.

Muchos ahora se han explicado como huellas de osos malayos. Los osos malayos son los más pequeños de la familia de los osos y se pueden encontrar desde el sur de China hasta Indonesia. Cuando un oso malayo deja una huella sin marcas de garras, comúnmente se malinterpreta como evidencia de la existencia de Orang Pendek.

Sin embargo, algunos moldes de huellas muestran un dedo gordo del pie en ángulo alejado del pie. Esta característica no se puede atribuir a un oso malayo. Hasta el día de hoy, los investigadores continúan explorando las selvas recogiendo huellas que podrían pertenecer a los Orang Pendek.

Dally Sandradiputra, una criptozoóloga indonesia que busca incansablemente la existencia de criaturas desconocidas en Indonesia, también ha encontrado muestras de pelo. *"Recolectamos algunos cabellos y los enviamos a la universidad de Copenhague, y encontró ADN... algunos con mono y humano... Mitad mono, mitad humano".*

La mayoría de los avistamientos de la criatura provienen de granjeros que afirman haber visto a la criatura robarles la comida. Sin embargo, Alex Schlegel afirma que muchas de las historias de avistamientos de un Orang Pendek ocurrirían en tierras de cultivo y especialmente en agricultores que poseían tierras justo en el borde del bosque.

Schlegel menciona que debería haber historias sobre avistamientos o situaciones esporádicas en las que la criatura entra en la granja, roba comida y luego se retira al bosque.

Pero una parte muy extraña e interesante de muchas de estas historias fue el efecto que tuvo en los granjeros que reportaron estos avistamientos.

. . .

Pensemos que es una sociedad muy patriarcal, que estos son hombres que son cabeza de familia y pilares de su comunidad. Mediana edad. Son personas muy respetables, pero, aun así, contando la historia, dirían que simplemente están aterrorizados. No volverían a esa parte de su granja porque tenían mucho miedo de volver a ver a la criatura.

Para Alex, eso realmente no encaja con la sensación de que esta es una persona que solo cuenta una historia, pues estas son personas que expresan un miedo genuino y que en realidad no son personas que van a contar un cuento chino y arriesgarse a perder su reputación Parecen estar genuinamente afectados por cualquier experiencia que hayan tenido.

Los europeos quedaron particularmente cautivados por el Orang Pendek en el siglo XX y llevaron historias de Indonesia al resto del mundo, capturando la imaginación y el escepticismo de las mentes curiosas de todo el mundo. Se documentaron varios avistamientos durante este período y se pueden encontrar relatados en el libro Antropológico de Gregory Forth.

En 1910, un holandés escribió sobre dos encuentros separados con un simio bípedo en las montañas Barisan, cerca del monte Sugirik. Vio a un grupo cruzarse en su camino.

. . .

Eran de piernas cortas y hombros anchos. Caminaban como humanos, pero sus rostros eran claramente diferentes.

Posteriormente registró un avistamiento separado que ocurrió 4 días después en la misma región donde fue testigo de un grupo de 25 miembros de la misma especie. Escribió que lo que vio definitivamente no era un orangután.

De Santy, otro oficial colonial, registró un relato en 1925 de un pescador banyuasin que le dijo que se había encontrado con un Orang Pendek muerto. Gregory Forth relata el informe de De Santy en su libro, diciendo que, aunque tenía el tamaño de un niño de unos diez años, la criatura era evidentemente madura porque tenía senos humanos.

Menciona que el cuerpo estaba cubierto de pelo de unos 20 centímetros de largo, mientras que el pelo de la cabeza, aproximadamente del largo de un antebrazo, era mucho más largo. Las manos, los pies y las uñas eran como los de un humano, pero el dedo medio se extendía mucho más allá de los demás; también el talón del pie pequeño era mucho más puntiagudo.

. . .

La criatura tenía 'cejas largas' y carecía de una hendidura en el labio superior. En la noche anterior, antes de descubrir el cuerpo, el informante había escuchado un sonido como de llanto humano. Por su condición, particularmente por un vientre anormalmente hinchado, el hombre infirió que la criatura había muerto durante un intento fallido de dar a luz.

El informe más conocido de esta época proviene de un buscador de madera holandés que permanecía en Palembang llamado J. van Herwaarden. Herwaarden estaba cazando cerdos en octubre de 1924 cuando se topó con una criatura hembra solitaria de pie sobre un tronco. La criatura medía unos 5 pies de altura y estaba cubierta de pelo corto y negro.

Cuando la criatura se dio cuenta de que no estaba sola, se volvió para mirar a Herwaarden. Se dio cuenta de que la cara tenía poco o nada de cabello y se parecía a un humano y no a un mono o simio. Al igual que en otros relatos, la criatura tenía el pelo mucho más largo en la cabeza, tanto que le llegaba hasta la cintura.

La criatura huyó poco después de darse cuenta de Herwaarden. Antes de huir, la criatura hizo un sonido parecido a un "hu hu" que fue repetido por otras criaturas escondidas en la jungla. Luego huyó sobre dos pies mientras emitía un silbido.

Pero, ¿podrían estas historias estar basadas de alguna manera en una criatura real, incluso si la verdad se ha distorsionado con el tiempo? Alex Schlegel compartió más folclore que había escuchado mientras estuvo en Indonesia, mencionando que uno de los aspectos más comunes de esta historia que la mayoría de la gente parece conocer es esta afirmación de que el Orang Pendek camina con los pies hacia atrás, para que te engañe si intentas seguir sus huellas.

Esa sería la reacción más común que él y sus investigadores obtendrían cuando le contaban a la gente lo que estaban haciendo. Dirían, "oh, ya sabes", y harían pantomima con las manos. El pie yendo hacia atrás.

Y luego, existe una historia más que solo escucharon de Sahar, el guía de su expedición. Sin saber de dónde vino esta historia, Sahar dijo que hay una leyenda que cuenta que solo hay dos Orang Pendek a la vez: siempre hay un macho y una hembra, y dan vueltas alrededor de Sumatra en lados opuestos de la isla.

. . .

Los individuos nunca se conocerían, hasta que uno de ellos estuviese a punto de morir. Así, se juntarían y se aparearían, y luego esa descendencia reemplazaría a la anterior, que moriría, y no volverían a haber dos.

Las historias del Orang Pendek estaban en su punto más alto a principios del siglo XX, cuando los colonizadores holandeses recorrían el bosque con la esperanza de ser los primeros en encontrar el cuerpo de un Orang Pendek.

Pero todo lo que se capturó fueron osos malayos que tuvieron la mala suerte de ser confundidos con el misterioso bípedo. En 1932, el cuerpo de un supuesto Orang Pendek fue entregado al museo nacional de zoología en Bogor, Java.

Hambrientos por reclamar el dinero de la recompensa publicado como prueba de la existencia de Orang Pendek, un grupo de hombres alteró el cuerpo de un mono langur para que pareciera más humano. Incluso hoy, la evidencia del Orang Pendek alienta a los hambrientos a ganar un dólar extra.

Dally Sandradiputra, criptozoólogo indonesio, comenta que todos conocen la historia de Orang Pendek. Siempre se cuenta la misma historia y demasiada gente sabe sobre el Orang Pendek, la misma historia, la misma descripción… Y entonces, cuando se entrevista a la gente local en Gudujungu, se tiene que pagar algo de dinero, pues hablar sobre la criatura ahora es como un negocio. Si buscas al Orang Pendek, tienes que pagar algunos dólares.

El cuerpo falso del Orang Pendek en 1932 corrompió el interés de la comunidad científica, y mientras el interés público en la criatura se desvanecía, muchos aldeanos continuaron viendo una criatura que coincidía con la descripción de Orang Pendek…

En 2003, se hizo un descubrimiento increíble en la isla de Flores en Indonesia. Los fósiles de una especie de homínido corto no descubierta previamente se encontraron en una cueva y se llamaron *Homo floresiensis*. El *Homo floresiensis* vivió hace tan solo 18.000 años, lo que en realidad se superpone con los seres humanos modernos.

Homo sapiens y *Homo floresiensis* vivieron durante la misma época, e incluso se cree que el *Homo sapiens* puede ser el responsable de la extinción de floresiensis. Medían entre 3 y 4 pies de altura y usaban herramientas para cazar presas locales, como los ahora extintos elefantes pigmeos y grandes roedores.

Las descripciones del Orang Pendek se han comparado con el *Homo floresiensis*. ¿Es posible que el *Homo floresiensis* no se extinguiera, y lo que la gente está presenciando son los restos de un ancestro humano distante? ¿O es posible que las historias se transmitan desde una época en la que coexistieron con los humanos?

El descubrimiento inspiró a un profesor a reconsiderar las historias que había escuchado sobre el Orang Pendek mientras visitaba Indonesia y a preguntarse, ¿podría haber una conexión entre el *Homo Florensis* y el Orang Pendek?

En 2003, cuando Alex Schlegel era estudiante de posgrado, tuvo la oportunidad de participar en un proyecto de cámaras trampa financiado por National Geographic que tenía como objetivo capturar evidencia del Orang Pendek. Su profesor, Peter Tse *(seh)*, se inspiró en el reciente descubrimiento de fósiles de *Homo Florensis* en Indonesia.

Entonces, la idea que le vino a la cabeza en ese momento fue, precisamente, preguntarse si el Homo floresiensis todavía estaría vivo, si Sumatra se encuentra a solo un par de islas de la isla de Flores. Así parece. Es una posibilidad, al menos, algún tipo de relación con el *Homo floresiensis*. Los registros fósiles que tenemos son de hace unos 12,000 años, lo que no es mucho evolutivamente.

. . .

Así que terminó solicitando algunos fondos. Esto fue a través de una expedición de *National Geographic*, bajo una rama de la organización que financia la investigación y, en particular, dentro de una de sus categorías de financiación de alto riesgo y alta recompensa.

Los investigadores comenzaron el proyecto en el verano de 2005 y se dirigieron a Sumatra a principios de septiembre, y de vez en cuando ejecutaron el proyecto hasta 2009 cuando se acabó el dinero y todos se encontraban distraídos por volver a sus vidas normales.

Tenían 60 cámaras, lo que parece mucho, pero cada vez que se miran las portadas en un mapa, era básicamente una caída de alfiler en el bosque. Y entonces, en ese sentido, las posibilidades de éxito siempre fueron solo una cuestión de probabilidad y probablemente una probabilidad bastante baja dados los recursos que tenían.

Las cámaras trampa funcionan mediante una combinación en la que se busca algo que esté más caliente que el entorno y se mueva, por lo que tenían un sensor de infrarrojos y un sensor de movimiento en ellos. Ambos están activados, así que en cualquier momento se tomaría una foto, pero eso significaría que a menudo el grupo llegaría al mes siguiente y tendrían 500 fotos de lluvia.

A menudo obtenían fotos de cazadores furtivos; cazadores furtivos de pájaros caminaban por el bosque y recolectaban pájaros, pero nunca alguna foto que el equipo pensaba que podría ser de un Orang Pendek, a menos que estuviera escondido y camuflageado bajo la lluvia. Pero todos eran falsos positivos.

Se consiguieron fotos de macacos de cola de cerdo. Es posible que el equipo haya obtenido un par de fotos de siamangs. Los siamangs son, llamémoslos, "simios menores", no son uno de los grandes simios. Hay orangutanes que son un gran simio en Sumatra, pero no los encontraron en ninguna parte de la isla.

Se piensa que hace unos 70,000 años hubo una explosión de un súper volcán alrededor de lo que ahora es el lago Toba, y algo así acabó con toda la población de la mitad sur de Sumatra. Así que ahora solo se encuentran orangutanes en la mitad norte.

De hecho, se encontraron huellas en un par de ocasiones diferentes que coincidían con algunas de las huellas que habían visto, pero no se tenía el equipo ni la capacitación para hacer moldes, por lo que era básicamente imposible tomar una foto de estos; pero estando allí, las huellas eran muy interesantes.

De alguna manera, se podía creer que tal vez solo eran huellas de osos solares porque se parecían a las huellas de osos solares, pero también había cosas que eran diferentes. Una gran diferencia fue que la hendidura del dedo gordo era un dedo divergente. Entonces, si imaginas las patas de los perros o gatos, los dedos deberían estar a lo largo de una línea; pero el dedo gordo del pie en estas huellas sería más como un pulgar, separado de los otros, lo cual fue un descubrimiento interesante.

De todos modos, se vieron esas huellas en un par de ocasiones diferentes en un punto en el que el equipo logró rastrear un poco. Se rastrearon algunas a través del bosque donde parecía que estarían sobre algún banco de tierra. Había una en especial que parecía una muesca de mano. Incluso se podía poner la mano allí y ver que había cinco dedos y aproximadamente del tamaño de una línea. Y así se pudo rastrear algo que se movió por allí. Pero fue difícil.

El *Australopithecus Afarensis* es un ser que también se menciona cuando se piensa en el Orang Pendek porque también fue uno de estos primeros homínidos que en realidad eran homínidos.

. . .

Era más pequeño y todavía era algo parecido a un simio, pero comenzaba a evolucionar con algunos de los rasgos que asociamos con nosotros mismos ahora.

Se sabe que era bípedo, pero también sus pies eran como los nuestros, así que no tenía ese tono divergente. Las huellas descubiertas pudieron haber sido de esta especie. Entonces, por ejemplo, una historia en la que se podría creer sería que la explosión del supervolcán y Toba no acabaron con la población del sur de Sumatra, sino que crearon una población aislada que de alguna manera sobrevivió. Y que su documentación sobrevive también. Eso parece nuevamente especular sobre lo que podría ser una explicación razonable.

Alex y su equipo no son los únicos occidentales que han pasado tiempo buscando a la criatura. Otra pareja aventurera pasó 15 años buscando evidencia del Orang Pendek.

Debbie Martyr, una periodista británica que escribía un artículo sobre viajes en Indonesia, escuchó informes sobre el Orang Pendek y decidió que sería una adición interesante al artículo que estaba escribiendo.

. . .

Después de escuchar tantos informes diferentes de la criatura de parte de los lugareños, Debbie comenzó a preguntarse si el Orang Pendek podría ser una criatura real. Cada vez más, se sintió atraída por la búsqueda...

Mientras estaba en Indonesia, Debbie se cruzó con Jeremy Holden, un naturalista y fotógrafo. Parece que Debbie en algún momento se puso en contacto con David Attenborough, quien conocía la historia y le contó sobre ella; pero nadie estaba realmente interesado en ir a buscarlo. La gente le dijo que, si quería averiguar sobre ello, entonces realmente necesitaba ir allí ella misma. Así lo hizo.

Por su parte, Jeremy nunca había oído hablar del Orang Pendek cuando llegó a Sumatra en 1994. Y hablaba, con un gran aire de suficiencia sobre que claramente era una falsa historia o un mito local, puesto que casi todas las culturas tenían un tipo de historia similar. Incluso en Inglaterra, su tierra natal, se tenía esta noción de personas que vinieron de o que viven en la naturaleza. Y eso es lo que Jeremy pensó que era el Orang Pendek. Pero el tiempo le mostró que estaba equivocado.

Intrigado por su dedicación, Jeremy decidió acompañar a Debbie en un viaje a la jungla para buscar pruebas del

Orang Pendek. Lo que encontraron cambiaría para siempre el curso de su vida. Debbie tenía un rastreador muy, muy bueno, y parecía que salían a explorar todos los días. Estaba encontrando huellas, los estaban siguiendo.

Jeremy sugirió que tal vez tendrían mayores posibilidades de encontrar a algún Orang Pendek si consideraban la idea de que deberían separarse y hacer una especie de movimiento de pinza. Salieron del campamento como de costumbre a las seis de la mañana y en una hora habían localizado los puntos específicos que les mencionaba el guía con ritmo, usando un bolígrafo naranja que sería asaltado por monos.

Enviaron al guía para que tratara de ponerse detrás de donde estaban los monos. Y Debbie y Jeremy se sentaron. El terreno no era muy amigable, pero simplemente viraron en una gran pendiente de la jungla. Pero de repente, Debbie dijo una maldición y se echó a llorar. Y le tomó un tiempo poder decirle que acababa de ver al animal cruzar la pendiente opuesta.

Jeremy no había visto nada en ese viaje, pero su curiosidad se había visto alimentada por lo que vio Debbie. Habían estado encontrando huellas en el área durante los últimos días, y ahora Debbie había visto algo tan sorprendente que la hizo estallar en lágrimas. Al día siguiente,

Debbie se enfermó y no pudo regresar a la jungla... Así que Jeremey y su guía regresaron solos a la misma zona donde Debbie había visto por primera vez a la criatura...

Se instalaron a eso de las cinco de la mañana para tratar de llegar al bosque lo antes posible. Y mientras subían caminando, la pendiente parecía más y más inclinada. Jeremy notó huellas muy, muy frescas, que sintió que eran una huella humana.

Llamó al guía y le preguntó por qué había subido, si casi nadie podía compensar su trabajo de guía porque no había agua disponible. Él aún dudaba de la veracidad del avistamiento de Debbie, y dudó más cuando el guía negó que las huellas fueran suyas.

Luego, se encontraron con una línea de huellas que se dirigían directamente a lo largo de la parte superior de la pendiente, directamente hacia el bosque. Así que siguieron caminando hacia el borde del bosque, en donde encontraron una cáscara de plátano con la fruta hecha pasta y a medio comer.

También encontraron algunas otras plantas débiles que habían sido arrancadas y algunas raíces. Y luego, un jengibre que había sido abierto y hecho pedazos. Y así esto siguió durante unos 10 metros. Cuatro cosas diferentes con aparentes necesidades muy especiales.

Cuando llegaron al borde del bosque, escucharon unos pájaros graznando hacia algo. Jeremy recordó, por su infancia en Inglaterra, que las aves que se comportaban de esta manera lo hacían porque habían descubierto un águila o un búho o algo que podían considerar una amenaza. Y escucharon que estos dos pájaros, claramente, estaban vocalizando hacia algo.

Y luego, de repente, hubo un enorme sonido de tipo rugido, que estaba a unos 15 metros de donde los dos hombres estaban parados. Jeremy se dirigió hacia el guía con muchas dudas, "¿qué diablos fue eso?" Y entonces comenzaron a lucir muy pálidos y empezaron a temblar. Jeremy pensó que estaban cerca de un oso, pero el guía dijo que no era posible. ¿Entonces, qué era eso?

Ambos se encontraban tratando de averiguar qué hacer, cuando Jeremy escuchó a los pájaros alejarse ligeramente. Así que estaba claro que lo que fuera que estaba allí, se estaba alejando de ellos. El primer impulso de Jeremy fue seguir a la criatura por detrás.

. . .

El hombre corrió a lo largo del borde del bosque durante unos 50 metros y luego trató de cortarle el paso al animal para intentar adelantársele. Y aunque no lo logró al momento, entró en el bosque y vio que, como a unos 15 metros de distancia, se balanceaba una palma de plátano. Jeremy sabía que algo se dirigía hacia él, así que simplemente se agachó. Se agachó entre la maleza y avanzó aproximadamente unos 7 metros.

Vio a un animal, que caminaba con mucha, mucha fluidez sobre dos patas. Era bípedo, erguido, con pelo amarillento pálido y bastante corto. Estaba mirando hacia atrás, obviamente tratando de escuchar al guía detrás de Jeremy, pues se había dado cuenta de que lo estaban siguiendo.

Sin embargo, el lugar en donde estaba la criatura aún estaba alejado de Jeremy, así que, aunque vio el cuerpo, no fue capaz de ver la cara; y en realidad, el hombre en ese momento estaba muy contento de no ver la cara.

Jeremy pensó que tal vez tendría solo dos, dos o tres segundos, pero muy, muy cerca de la criatura. No hizo ningún movimiento. Tenía al guía corriendo hacia él. No intentó hacer una fotografía porque estaba demasiado cerca la criatura y no quería llamar su atención, por temor a que ésta escuchara algo, se girara y se diera cuenta de que estaban en una posición en la que podría atacar.

Jeremy recordaba que Orang Pendek en realidad significa persona baja. Entonces, lo que esperaba, no era algo tan grande como lo que realmente vio, que estaba en la región de aproximadamente un metro y medio de altura. También, el ser que vio estaba muy, muy bien construido. Pero no tenía un cuello que encajara mucho en los hombros; era muy, muy ancho y Jeremy pensó que en su mayoría era músculo tapado por pelo.

No era como un chimpancé. La piel a través del pelo parecía sumamente dura y se podía ver que este era un animal extremadamente fuerte, brazos muy largos y musculosos también. Así que es algo contra lo que Jeremy no habría tenido muchas posibilidades. Decidió esperar, se quedó callado y lo vio pasar.

Obviamente, el hombre tenía un carnaval de emociones pasando por su mente, pues el suceso fue para él extremadamente impactante. Fue un poco aterrador.

Jeremy estaba asombrado pues realmente necesitaba hablar con alguien y explicarle lo que había visto con el guía. El guía llegó, señalando que la criatura había pasado por un espacio cercano al que estaban. Jeremy confirmó la información y entonces lo siguieron.

Si lo hubieran seguido de inmediato, probablemente hubieran tenido una muy buena vista porque la criatura entró en un área de bosque que estaba bastante abierta y habría bajado hacia ellos si lo hubieran seguido. Hubieran sabido más de él y habría sido posible una visión muy, muy clara.

Sin embargo, cuando llegaron al área en cuestión, ya todo había pasado. Siguieron las huellas, pues había un rastro muy claro de por dónde se había ido la criatura. Y debido a que allí hay un volcán, tuvieron unos buenos cientos de metros para recorrer.

El camino estaba lleno de barrancos profundos y los ríos que en ese momento estaban secos, y que tenían como tres metros de ancho. La criatura se había dado cuenta de que lo estaban siguiendo porque estaba vocalizando del otro lado y estaba siendo molestado por otro grupo de pájaros. Así que parecía una tarea bastante difícil de realizar que, además, habría producido mucho ruido de intentarse.

. . .

Jeremy tomó la decisión ejecutiva de volver al día siguiente, con la esperanza de que el animal siguiera allí en lugar en el que los hombres habrían intentado seguirlo, para volver a verlo de nuevo.

Jeremy se especializa en viajar por Asia, fotografiando muchas cosas que han sido fotografiadas antes y este es, según sus palabras, realmente su gran fracaso en ese sentido.

El hombre pasó mucho tiempo tomando fotos en tiendas pequeñas, obtuvo algunas cosas muy raras y muchas fotos de cosas por primera vez, pero lamenta no haber podido fotografiar a la criatura. Entonces, como fotógrafo, le gustaría obtener evidencia fotográfica.

Jeremy continúa buscando evidencia fotográfica hasta el día de hoy, más de 20 años después. Lo que sea que presenció en la jungla ese día, dejó un gran impacto en él. Es difícil imaginar que alguien que ha dedicado su vida a fotografiar la vida silvestre en Asia pueda identificar erróneamente algo tan espectacular.

Después de escuchar el relato de Jeremy, es difícil negar la posibilidad de que tal vez, solo tal vez, haya vida salvaje no documentada para descubrir en la espesura de las selvas de Indonesia. En el documental llamado *"Man of the Forest de Banyak film"*, Debbie Martyr habló con el equipo de filmación y agregó algunos detalles sobre las experiencias.

Para ella, la reacción más abrumadora de ambos se dio cuando vieron por primera vez que estos animales eran bípedos. A Debbie le resultó incluso molesto: lo que es, es que hemos sido condicionados desde el nacimiento, que somos personas y los animales son animales.

Y luego ven a un animal que camina como una persona, excepto que este animal no parece una persona. Camina como una, incluso si no esperas que lo haga.

Lo que sea que Debbie y Jeremy experimentaron en las selvas de Indonesia, dejó una profunda impresión en ambos. Un punto en común entre el relato de Debbie y Jeremy sobre sus experiencias es el miedo y la naturaleza perturbadora de ver a la criatura.

El miedo también es un tema de otros grupos que también lo han visto como occidentales. Expresan este terror psicológico al ver a la criatura, y no se sabe si eso tiene algo que ver con el valle inquietante o la sensación de algo que se parece tanto a un ser humano pero que aún no es humano. Tal vez alguna antigua respuesta emocional aprendida. Tenemos aversión a las cosas que no son del todo humanas.

Desde la década de 2000, se han descubierto 25 nuevas especies de primates. Recientemente, en 2013, se descubrió una nueva especie distinta de orangután después de que uno recibió un disparo con perdigones de rifle de aire comprimido y fue llevado a rescate. Resultó ser parte de una especie de orangután no descubierta llamada orangután *Tapanuli*. ¿Es tan difícil de creer que las densas selvas de Sumatra guardan secretos por descubrir?

Ha habido una serie de historias de los últimos 10 a 15 años sobre el descubrimiento del primer gran mamífero en áreas que se han investigado en 30 años.

Este es un dato bastante loco, pues se sabe que hay un gran mamífero, que es una especie nueva que nunca hemos documentado. Y se comenzó a hablar de ello en la década de 2010.

Eso te da una idea de que, aunque creemos que sabemos todo sobre el mundo en este momento, hay mucho que aún no se ha descubierto y es desconocido porque hay muchas áreas muy remotas en el mundo y también muchas condicionantes a los encuentros.

. . .

Si el Orang Pendek existe, sería el único otro simio bípedo en el planeta además de los humanos. Es un pensamiento aterrador pensar en lo rápido que estamos perdiendo especies y el medio ambiente natural en Indonesia debido a la tala, la caza furtiva, la agricultura y la civilización cada vez más invasora.

Muy a menudo escuchas a la gente decir que no se debe destruir la selva tropical porque no sabemos qué hay en ella. Y, por lo general, se refieren a esto pensando en, tal vez, la próxima cura para el cáncer. Pero cuando es algo que no sabemos, en cierto sentido, se trate del ser humano o de cualquier otra criatura… No necesariamente genéticamente, sino en el hecho de que existe esta mitología de que es un bípedo, entonces, ¿qué otra cosa no podría estar en la selva tropical si se puede encontrar algo así?

Si el Orang Pendek existe y ha podido esconderse de los humanos durante tanto tiempo, es posible que estemos empujando a uno de nuestros ancestros más cercanos a la extinción y ni siquiera lo sepamos.

Va a ser tan extraño que exista, pero aún más extraño que no exista; por más difícil que sea creer que algo como esto, hay gran posibilidad de su existencia y su vida, y no ha sido documentado por la ciencia occidental en este mundo y selvas tropicales. Hay investigadores que afirman que estarían tan o más impactados si terminaran sin tener nada y no fueran más que historias.

9

Agogwe

Una misteriosa bestia africana, se dice que el bípedo Agogwe se asemeja a pequeños hombres peludos con piel de color rojo amarillento debajo de sus abrigos de pelo. Suenan fabulosos, ¿no? En el complicado mosaico críptico, es difícil decidir dónde se encuentra el Agogwe. Como muchos críptidos, hay un poco de plausibilidad aquí.

Sencillamente, sin embargo, hay demasiadas incógnitas. Este críptido es demasiado críptico. Por ejemplo, no conocemos los supuestos patrones de migración de Agogwe, es decir, si existen realmente solo en África Oriental. En cualquier caso, aparentemente se retira a un terreno más alto cuando hay humanos cerca.

. . .

Por lo general, se dice que mide de 1 a 1.7 metros (2-5 pies) de altura con varias características humanas.

También se dice que la criatura tiene características extrañas, como brazos largos y cabello de color óxido que cubre su cuerpo, con piel de color rojo amarillento debajo de su pelaje. A veces se describe con piel color cobre.

Sus pies miden aproximadamente 12 cm de largo. Las diferencias entre el Agogwe y un chimpancé moderno es que el Agogwe tiene una frente redondeada, dientes más pequeños, pero más afilados, y el color del cabello y la piel.

Como prueba de su posible existencia, algunos señalan el número de diciembre de 1937 de la revista londinense *Discovery*. El primer avistamiento registrado del Agogwe fue en 1900 por el capitán William Hichens, pero el incidente se informó treinta y siete años después en la edición de diciembre de *Discovery Magazine*.

El capitán aparentemente estaba en los bosques de Ushur y Simbit, ubicados en el lado occidental de las llanuras de Wembare en Tanzania. Hichens cuenta que lo enviaron a una cacería oficial de leones en esa zona. Mientras esperaba en un claro del bosque al avistamiento de un "devorador de hombres", vio dos criaturas pequeñas, marrones y peludas que venían del área densa de bosque a un lado del claro y luego desaparecían en la espesura del otro lado.

Eran como hombres pequeños, de unos 4 pies de altura, caminando erguidos, pero con el cuerpo lleno de cabello rojizo. El cazador nativo que estaba con el capitán miraba con una mezcla de miedo y asombro.

Más tarde, le comentó al capitán que habían visto a unos Agogwe, hombrecitos peludos que uno no ve una vez en la vida. Hichens intentó volver a encontrarlos, pero no tuvo éxito.

Tan solo un año después, el oficial británico Cuthbert Burgoyne hizo público un incidente ocurrido en 1927, a través de la revista *Discovery*, 11 años después, en el que supuestamente vio las mismas criaturas que Hichens había visto años antes.

El oficial cuenta que estaban lo suficientemente cerca de la tierra para ver los objetos claramente con una lente de 12 aumentos. Había una playa inclinada con arbustos claros sobre los cuales varias docenas de babuinos cazaban y recogían mariscos de cangrejos, a juzgar por sus movimientos. Dos babuinos de color blanco puro estaban entre ellos.

Estos eran muy raros, pero el oficial había oído hablar de ellos anteriormente. Mientras observaban, dos hombrecitos morenos salieron juntos del monte y bajaron entre los babuinos. Ciertamente no eran ningún mono conocido y debían ser parecidos o habrían molestado a los babuinos. Estaban demasiado lejos para verlos en detalle, pero estos pequeños animales parecidos a los humanos tenían probablemente entre 4 y 5 pies de altura, bastante erguidos y de figura elegante.

A fines de la década de 1950, se informó del tercer avistamiento, esta vez de Charles Cordier, un coleccionista profesional de animales que supuestamente vio al Agogwe en Zaire. Se enredó en una de las trampas para pájaros que había puesto, pero escapó antes de que Cordier pudiera hacer algo.

El hombre cuenta que la criatura cayó de cara, se dio la vuelta, se sentó, se quitó la soga y caminó mucho antes de que cualquier persona cercana pudiera hacer algo. El Agogwe es probablemente una especie sobreviviente de australopitecino, un primate que vivió hace 2.5 millones de años como una forma muy temprana de humanos.

· · ·

Y sí, el Agogwe ha aparecido en la cultura pop en los últimos años. El Agogwe hizo una aparición en *The Secret Saturdays* de Cartoon Network, que era un programa sobre una familia de criptozoólogos que intentaban mantener en secreto a los críptidos, para proteger a los humanos y las criaturas. Específicamente, aparece en el episodio "*Cryptid vs. Cryptid*", sobre apuestas clandestinas en peleas de críptidos.

Si buscas otras descripciones, normalmente encontrarás historias de una criatura asustadiza. Aun así, por alguna razón, también se ha descrito como más malo que la mayoría de los primates (aunque, ¿puedes culparlo? ¡Su necesidad de evitar el contacto humano probablemente tiene sus niveles de estrés por las nubes!).

Al mismo tiempo, el Agogwe se ve confiado, tal vez incluso orgulloso, en al menos algunas representaciones de artistas interesados en la criptozoología. Y entonces se podría decir que esto no sugiere ningún rasgo de personalidad único para un Agogwe hipotético.

Al igual que los humanos, probablemente haya una progresión cambiante de emociones y comportamientos. Esto tendría sentido, ya que el Agogwe a menudo se describe como un tipo de criatura de "eslabón perdido", similar a un hombre en algunos aspectos. En cualquier caso, si el Agogwe se siente bien, emocionado o francamente hostil, ningún relato es lo suficientemente detallado para transmitir completamente sus comportamientos.

Por alguna razón, las descripciones crípticas a menudo hacen que una criatura parezca poco saludable. Para el Agogwe, la descripción de "piel de color rojo amarillento" puede hacernos pensar en algo reptiliano, o tal vez en alguna criatura sangrante con ictericia. Otra descripción de la piel que se ha proporcionado es "cobre", que suena más realista. Por supuesto, es posible que el Agogwe tenga diferentes apariencias, al igual que otros animales. Si alguien viviera cerca de un Agogwe, parece que lo sabrían.

Hay razones por las que es posible que no veamos un críptido de este tipo. La más obvia es que, sí, puede que no exista. Esto describe muchos, si no la mayoría, de los críptidos. Sin embargo, la inactividad puede ser otro factor y/o el nerviosismo (como se mencionó anteriormente). Incluso es posible que algunos críptidos descritos anteriormente existieran en algún momento, pero se hayan extinguido. Descubrir e identificar una nueva especie de primate definitivamente sería un logro.

Hay esperanza para nuevos descubrimientos.

. . .

En 2012, la revista Earth publicó un artículo titulado "El homínido trepador de árboles con dedos oponibles coexistió con Lucy" (siendo "Lucy" el antepasado humano primitivo más famoso del mundo).

Aunque solo se encontraron partes del esqueleto de la criatura, los científicos especularon. Bruce Latimer preguntó: *"Ahora, por supuesto, lo que queremos saber es cómo es el cráneo. ¿Cómo son los dientes?"* Si bien no es necesariamente parte de una leyenda, la especulación y la imaginación son claves para aprender sobre las especies animales. Historias como esta leyenda son solo una pieza del rompecabezas humano.

Por lo general, cuando se "descubre" un críptido, es parte de un patrón de "nombre y vergüenza". A las personas se les ocurrirá un nombre y, por lo general, le atribuirán algún comportamiento violento. No es suficiente que la criatura sea "peluda" y "parecida a un hombre". Dirán que es "malo" o que da miedo. Sin embargo, aparentemente es difícil encontrar relatos de Agogwe amenazando o dañando a los humanos. Lo más probable es que te tenga más miedo a ti si te lo encontraras.

También es revelador que el Agogwe no es del todo extravagante. Por ejemplo, nadie ha dicho nada acerca de que tenga ojos en el interior de la boca, o algo tan raro. La indicación es que, si es algo, es quizás uno de los "simios menores", tan escurridizo que solo necesitamos suerte para lograr encontrarlo (incluso más que perseverancia).

10

Chunchuya

EL CHUCHUNYA, también llamado Chucunaa, Tjutjuna o muñeco de nieve siberiano, es un críptido homínido que se informa que existe en Siberia, y que la mayoría de los testigos describen como alto (6-7 pies) y parecido a un humano, con hombros anchos, una frente grande y prominente, cabello largo y enmarañado y ocasionalmente con una coloración de pelaje inusual.

Esta criatura también se ve usando telas de pieles de animales, y algunos investigadores han llegado a creer que estas criaturas pueden tener menos en común con criaturas parecidas a Gigantopithecus como Pie Grande o el Yeti, y posiblemente pueden ser parte de lo que algunos han especulado que es una población reliquia de aborígenes paleoasiáticos o posiblemente incluso neandertales.

. . .

Aunque los informes de estas criaturas llamaron la atención del mundo académico por primera vez en 1928, cuando el gobierno soviético envió expediciones a las regiones superiores de los ríos Indigirka y Yana para recopilar relatos de estos hombres-bestia únicos, la mayoría de los informes de estas criaturas provienen de tribus nómadas nativas como los yakutos y los tungus.

Los cuentos e informes de las tribus Yakuts y Tungus se remontan mucho más atrás en el tiempo que 1928, al igual que los nativos americanos tienen informes de Pie Grande o, como también le llaman, el "sasquatch".

Curiosamente, estas mismas criaturas también se encuentran en la parte sureste de Siberia. Aquí se los conoce simplemente como Mulen, que es la palabra Tungus para "bandido". Sin duda, este nombre proviene del hecho de que estas criaturas son famosas por sus incursiones nocturnas en graneros y otras viviendas.

Parece que las criaturas son lo mismo, solo que en diferentes regiones. También hay informes de que estas criaturas, en ocasiones, han comenzado a comer carne humana, un rasgo que no es evidente en su primo siberiano, el Almasti.

. . .

En 1933, el profesor P. Dravert se indignó cuando escuchó informes de que estas criaturas estaban siendo cazadas y solicitó al gobierno soviético que pusiera fin a este acto atroz, afirmando que los Chuchunaa también eran ciudadanos de la Unión Soviética y, por lo tanto, merecían la misma protección y reconocimiento bajo la ley.

Obviamente, el gobierno soviético en ese momento no tenía ningún interés en tales cosas. Su súplica no fue escuchada.

Sin embargo, en la década de 1970, los tiempos eran diferentes, incluso en medio de una guerra fría. El geólogo Vladimir Pushkarev realizó investigaciones en toda Siberia. También escuchó relatos de tribus nativas sobre estas criaturas, pero, debido en parte, sin duda, a la abrumadora invasión de la civilización, concluyó que su número había disminuido desde los albores del siglo XX.

A pesar de ello, en 1985, la antropóloga británica Myra Shackley afirma haber visto con sus propios ojos a la Chuchunaa conocida como "Mecheny". La mayoría de los investigadores han llegado a la conclusión de que estos homínidos, que pueden ser uno de los últimos vínculos vivos que la raza humana tiene con sus ancestros simios, están extintos o peligrosamente cerca de ser borrados de la faz de la Tierra.

Los tramos remotos de Siberia siguen siendo hasta el día de hoy algunas de las áreas más áridas de nuestro planeta. Sería plausible que el Chuchunaa aún pueda existir, y la comunicación reciente con los lugareños puede sugerir que es un hecho.

Yakutia, uno de los principales periódicos de la República de Sakha (Yakutia) publicado en mayo de 2004) sobre la naturaleza y su protección en Yakutia, hablaba en algún párrafo sobre los gritos de Sendushnyj.

Relataba que el monte Kuorat-Khaja se encuentra frente al pueblo pesquero de Chekurovka, y en una peligrosa pendiente empinada yacían las ruinas de un avión.

Algunos ancianos afirmaron que en 1957 los cazadores de los pueblos de los alrededores mataron a un Chuchunaa, el muñeco de nieve. Se dice que su cuerpo fue llevado por el río Lena a Yakutsk [capital de Yakutia] y desapareció allí. Cuenta la leyenda que el Chuchunaa vivía en las montañas de Verchojansk, y atrapaba renos, cuyas pieles vestía.

· · ·

Se dice además que, al conocer gente, el muñeco de nieve gritaría terriblemente. En la Tundra, este muñeco de nieve se llamaba Sendushnyj, en honor a 'sendukha', un antiguo nombre de Tundra. Aunque esta leyenda derrotó cualquier sentido común, se negó a morir.

Al otro lado de la cordillera, en las áreas de Najba, algunos informaron de una criatura muy discreta que se llamaba Ikki-Mterlljakh, que literalmente significa 'dos metros de altura'. Se afirma que quienes estaban cazando, pescando y/o recogiendo leña a lo largo de la orilla del río vieron al muñeco de nieve.

También se informa que cuando amanecía, entraba en el pueblo.

También hay otros informes modernos de Chuchunaa.

El periódico ruso *Yakutsk Vechernij* (Yakutsk vespertino) informó en diciembre de 2002 con el título "En busca del muñeco de nieve" sobre el viaje de dos reporteros tras la pista de un extraño animal. El viaje se inspiró en un artículo de la edición del 29 de marzo del mismo periódico.

. . .

En una aldea en la región de Verkhoyansk, distrito de Barylas, un animal desconocido había sido atrapado en una trampa para lobos a mediados de marzo de 2002. Ya estaba muerto cuando fue descubierto y lo describieron "como un primate" del tamaño de un perro grande. Todo el cuerpo, excepto los pies y la cara, estaba cubierto de pelo. Tenía una cola larga.

Hay tres versiones sobre lo que pasó con el cadáver: El profesor Jakob Potapov del asentamiento vecino Borulakh dijo que el cuerpo había sido llevado a la capital Yakutsk. Alguien más afirmó que el animal había sido despedazado por perros y la tercera versión era que "gente asustada" había enterrado el cadáver junto con la trampa.

El jefe del ayuntamiento de Sartan, Sergej Slepzov, habló de otro caso similar medio año antes. Un joven, Albert Slepzov, había encontrado por coincidencia un animal muerto desconocido que era similar a un mono. En este sentido se sugirió que podría tratarse de un Chuchunaa como se conoce en la región a los 'hombre salvaje '. Los ancianos locales que habían visto el animal muerto lo llamaron Aabasi Kiila.

La reportera Elena Tikhonova y el fotógrafo Michael Kotschetov contactaron a los familiares de Albert Slepzov en el asentamiento de Badagaj. Estos confirmaron que

Slepzov había encontrado un animal extraño, pero no pudieron decir qué sucedió con el cadáver. Sin embargo, según los trabajadores del consejo de la región de Verkhoyansk, el padre de Albert Slepzov había enterrado el cuerpo.

Al escuchar esto, los reporteros partieron de la capital, Yakutsk, para encontrar a Albert Slepzov en la región de Verkhoyansk. Después de dos horas de vuelo y doce horas de conducción en coche por caminos de tierra, llegaron al pueblo de Junkur, donde se suponía que estaba Albert Slepzov, pero no lo encontraron.

Después de superar varias dificultades, pudieron encontrar al padre de Slepzov, el testigo ocular Afanasi, de 64 años, en otro lugar. Informó que su hijo había encontrado un animal desconocido con una cola larga en una trampa a fines de octubre de 2001. El color del pelaje era de un amarillo inusual. El niño tuvo miedo y dejó al animal en el desierto. De vuelta en casa, hizo un boceto de su hallazgo. Después de unos días Afanasi Slepzov intentó encontrar al animal con un compañero, pero según él, no tuvieron éxito debido a una nueva nevada.

Los reporteros confrontaron a Slepzov con las declaraciones de otras personas en el pueblo de que en realidad había encontrado al animal y lo había escondido. Slepzov lo negó. El interrogatorio no continuó ya que era obvio que el tema lo incomodaba.

Según declaraciones de otros residentes de la aldea, Slepzov inicialmente había mantenido en secreto el descubrimiento de su hijo y había comenzado a hablar de ello cuando los rumores ya circulaban en la aldea. Los reporteros no pudieron visitar el lugar del segundo hallazgo en marzo de 2002. Tiempo después, una agencia de viajes de Moscú se ofreció a financiar otra expedición.

El lugar donde sucedió esto se encuentra en el círculo polar ártico en la República autónoma de Sakha (Yakutia), al este de Siberia, con la capital Yakutsk a unos 200 kilómetros al este de la cordillera principal de las montañas Verkhoyansk. Esta área es una de las más frías de la Tierra, donde la temperatura invernal puede caer a menos 70°C.

Es posible llegar a muchos asentamientos solo por aire o por caminos que son transitables solo en ciertas épocas del año.

Esto convierte al Chuchunaa en uno de los crípticos más difíciles de alcanzar del mundo.

11

Ebu Gogo

Una antigua leyenda de la isla indonesia de Flores habla de una misteriosa abuela salvaje del bosque que se lo come todo: la 'ebu gogó'. Según el folclore, personas tan diminutas y peludas como ella alguna vez vagaron por los bosques tropicales junto a los humanos modernos, comiendo cultivos y, a veces, incluso carne humana.

Durante décadas, los etnógrafos documentaron la historia, registrando detalles de la Ebu como su discurso balbuceante y sus pechos largos y colgantes, todo mientras se asumía que la historia era simplemente un mito. Sin embargo, la leyenda se vio bajo una luz completamente nueva cuando se descubrieron los huesos de una especie de pariente humano igualmente pequeña y previamente desconocida en lo profundo de una cueva en la misma isla.

. . .

El anuncio de 2004 de una nueva rama en el árbol evolutivo humano fue sorprendente, por decir lo menos.

Con poco más de un metro de altura, el homínido llamado *Homo floresiensis* tenía un cerebro pequeño, la aparente capacidad de hacer arduos cruces de agua y habilidades aparentemente perfeccionadas para fabricar herramientas de piedra.

Gran parte de la anatomía de la especie parecía primitiva, pero la evidencia de su comportamiento indicaba un ser humano avanzado. El homínido era tan aparentemente mítico que el equipo de investigación se basó en el mundo ficticio de J.R.R. Tolkien para su apodo: el hobbit.

Podría decirse que el aspecto más extraño de la historia de los diminutos homínidos fue la sugerencia de que sobrevivieron en el pasado reciente, vagando por los bosques tropicales y los antiguos volcanes hace tan solo 12.000 años.

Esta fecha no solo fue sorprendente porque es una época en la que los científicos creían que el *Homo sapiens* estaba solo en el planeta, sino también porque fue mucho después de la llegada de los humanos modernos al área, decenas de miles de años después, de hecho. ¿Habían vivido los hobbits junto a nuestra propia especie durante todo ese tiempo?

. . .

Asociaciones entre Ebu gogo y *H. floresiensis* surgieron inmediatamente después de que estallara el frenesí de los hobbits en los medios. Desde titulares de noticias hasta reuniones científicas, la gente se preguntaba: ¿podrían ser estas dos criaturas una y la misma? ¿Habían estado los lugareños imaginando gente mítica y salvaje del bosque, o simplemente informando sobre ellos?

Quizás la leyenda aparentemente ficticia tuvo una base empírica todo el tiempo. Si bien los medios de comunicación aceptaron la idea, algunos científicos también la consideraron, lo que alimentó la esperanza de que la leyenda pudiera sugerir que un *H. floresiensis* vivo y que respira todavía se puede encontrar en alguna parte remota de la isla en la actualidad.

La conexión propuesta entre los huesos y el mito planteó una pregunta interesante, que está siendo explorada por antropólogos en otras partes del mundo: ¿cuánto tiempo atrás en el tiempo pueden las tradiciones orales informar eventos con precisión?

Algunos científicos que estudian la memoria indígena han sugerido que las tradiciones orales contienen registros extraordinariamente confiables de hechos reales que ocurrieron hace miles de años. ¿Dónde, entonces, están los límites entre la leyenda, la memoria, el mito y la ciencia? ¿Había conservado la gente de Flores un registro oral de *H. floresiensis*?

El etnógrafo que documentó originalmente la historia de Ebu Gogo, Gregory Forth, de la Universidad de Alberta en Canadá, argumentó que los antropólogos se inclinan demasiado a descartar las categorías populares como productos de la imaginación, mientras que otros señalaron las muchas correlaciones que existían entre la descripción de Ebu Gogo y *H. floresiensis*.

Ambos fueron descritos como de brazos largos, por ejemplo, y de baja estatura.

Muchos quedaron intrigados por el extremo detalle de la leyenda; seguramente la vívida descripción de los 'pechos colgantes' que el Ebu Gogo supuestamente arrojaba sobre sus hombros debe ser convincente. Forth incluso lamentó que "las dimensiones de los senos femeninos son, desafortunadamente, una de las muchas cosas que no se pueden medir a partir de la evidencia paleontológica".

Sin embargo, desde el principio hubo eslabones débiles en la conexión propuesta entre los huesos prehistóricos y la leyenda mítica. Para empezar, los dos conceptos existen en regiones completamente diferentes de Flores. La categoría 'Ebu Gogo' pertenece al pueblo Nage que reside a más de 100 kilómetros del sitio de descubrimiento de *H floresiensis* en Liang Bua, a través de traicioneras montañas y espesos bosques selváticos.

La cueva de los hobbits es, en cambio, el hogar de personas cultural y lingüísticamente distintas conocidas como Manggarai. Si bien no es inimaginable que *H. floresiensis* podría haber vagado por el paisaje, es sospechoso que Ebu Gogo no sea un invento de los Manggarai.

Una mirada rápida al archipiélago también revela que las historias de pequeñas criaturas del bosque no son exclusivas de Flores, lo que tal vez no sea sorprendente dado que el área está plagada de primates vivos parecidos a los humanos. Se cree que los conocidos Orang Pendek (personas bajas) de la cercana Sumatra, por ejemplo, son relatos de orangutanes. Si bien Flores no tiene orangutanes, hay muchos macacos.

Sin embargo, estas pequeñas fallas no detuvieron las recurrentes discusiones sobre Ebu. Las expediciones se esforzaron por encontrar a los hombres salvajes que aún vivían, con la esperanza de contemplar sus ojos bestiales. Los aldeanos locales también comenzaron a informar que los habían matado.

. . .

Un falso documental 'inspirado en un descubrimiento científico real', *The Cannibal in the Jungle* (2015), contó la historia de un asesinato canibalizado en el bosque, atribuido a un investigador extranjero que fue reivindicado solo después del descubrimiento de *H. floresiensis* y la comprensión de que el crimen había sido cometido por Ebu Gogó.

Jugando con la realidad y la ficción, mezcló imágenes genuinas de las excavaciones de los hobbits con actores excéntricos y titulares de periódicos falsos. La película incluso presenta entrevistas con científicos y expertos reales, cuyos comentarios sobre el descubrimiento fósil 'excepcional' se entretejieron en la narrativa ficticia.

El mito persistió incluso cuando los científicos reales se burlaron. Pero eventualmente las dudas en el caso de la asociación Gogo – *H. floresiensis* creció demasiado para ser ignorada. Cada expedición en busca de un avistamiento reportado reveló una cueva vacía o un macaco.

Nuevas piezas de evidencia científica también han hecho que la conexión sea cada vez más inverosímil, especialmente una revisión de la datación que movió la desaparición de los hobbits a hace casi 50,000 años. A los expertos, Ebu Gogo era tan real como el hada de los dientes. Entonces, ¿qué vamos a hacer con la leyenda de Ebu Gogo? ¿Por qué nos cautiva tanto la idea de los antiguos hombres salvajes del bosque?

Parte de la culpa radica en los propios huesos. En las últimas dos décadas, con la paleoantropología cambiando rápidamente, descubrimientos como *H. floresiensis* han anulado suposiciones básicas sobre el pasado. Un ejemplo es la comprensión cambiante de que la imagen de la diversidad de los homínidos durante el tiempo de nuestra propia especie en este planeta estaba mucho más abarrotada y enredada de lo que se creía anteriormente, una noción traída en gran parte por *H. floresiensis* y desde entonces añadida por descubrimientos adicionales.

Tal vez el significado de las historias entrelazadas de *H. floresiensis* y Ebu Gogo, entonces, es la comprensión de que los descubrimientos científicos, particularmente los inesperados, tienen el poder de transformar la forma en que pensamos. Al enfrentar a los científicos con algo tan imprevisto, estos pequeños huesos abrieron la puerta a una gran especulación.

H. floresiensis reveló que el pasado fue más extraño de lo que imaginamos, lleno de mezcolanzas evolutivas, migraciones inesperadas y vida en lugares sorprendentes. Y mientras la leyenda de Ebu Gogo no logró hacerse eco de la realidad paleoantropológica, tales conexiones fallidas no siempre son el caso.

Los investigadores desde la geología a la paleontología recurren al folclore, y los eventos, desde las erupciones volcánicas hasta los descubrimientos de fósiles, han demostrado que la ciencia tiene algo que ganar al involucrarse con la leyenda. Incluso la legendaria criatura con cuerpo de león y pico de águila presentada a los viajeros griegos como el grifo probablemente se basó en encuentros con huesos de dinosaurios.

La interacción entre la ciencia y el mito se ha vuelto cada vez más compleja y más interesante. Después de todo, si los hobbits alguna vez vivieron en una remota isla de Indonesia, ¿qué otra cosa fue posible alguna vez?

12

Monstruo Fouke

Con avistamientos que datan de la década de 1800, la leyenda del Monstruo Fouke de *Boggy Creek* es una parte importante del folclore de Arkansas. Acechando en los pantanos de Arkansas, el Monstruo Fouke asusta a los automovilistas, propietarios de viviendas y excursionistas.

La historia de Boggy Creek y el monstruo que puede habitarlo fueron el tema del clásico de culto de 1972 *The Legend of Boggy Creek*. La historia central se basó en testimonios de nativos de Arkansas que cuentan sus historias aterradoras.

Los hechos del monstruo de Fouke varían, ya que en realidad no existe evidencia definitiva de la criatura. Se dice que es alto, peludo y potencialmente peligroso, muy parecido a Pie Grande. El primer avistamiento ampliamente publicitado ocurrió en 1971, aunque anteriormente se había escuchado hablar sobre el monstruo.

Incluso hoy en día, los residentes de Fouke, Arkansas o los visitantes a veces ven lo que creen que es el monstruo. ¿Es esto un engaño o una criatura legítima que deambula por los pantanos de Arkansas?

Si bien los primeros avistamientos se remontan a la década de 1800, la historia que puso al Monstruo de Boggy Creek en el mapa ocurrió mucho más tarde. Bobby y Elizabeth Ford informaron que el monstruo atacó su casa el 1 de mayo de 1971. Elizabeth informó que el monstruo atravesó la ventana de la sala y luego fue ahuyentado por Bobby y su hermano. El monstruo luego regresó y atacó a Bobby, arrojándolo al suelo.

Está claro que algo atacó a Bobby esa noche. Bobby fue tratado por heridas cortantes grandes y shock leve en un hospital cercano. No se encontró sangre en la casa de los Ford, pero había rayones en el porche y una ventana estaba dañada.

. . .

También se encontraron huellas de tres dedos en el patio. Este incidente es lo que inspiraría la película de 1972, *The Legend of Boggy Creek*.

Antes de esto, un niño llamado Lynn Crabtree informó haber visto al monstruo en 1965. Según la historia, Crabtree se encontró con el monstruo mientras cazaba. Aunque le disparó en numerosas ocasiones, no pasó nada. El monstruo no parecía haber sido afectado por las balas.

La historia no se informó en ese momento, pero la familia Crabtree presentó el relato después del avistamiento de la familia Ford ampliamente publicitado. Otros miembros de la familia Crabtree afirmaron que también vieron al monstruo mientras cazaban, pero no se molestaron en disparar como lo había hecho Lynn.

Hay muchas leyendas sobre el comportamiento del monstruo. Uno que es más alarmante para los dueños de mascotas y granjas está relacionado con su dieta. Supuestamente, se sabe que el monstruo se alimenta de pollos y perros vivos. También se ha dicho que ocasionalmente come un ternero o un cerdo.

Se han informado avistamientos de perros mutilados y mutilados en el área, y los creyentes en el monstruo citan que ningún bromista pondría tanto esfuerzo ni sería tan cruel como para cometer estos actos solo por mantener el entretenimiento vivo.

El monstruo se describe como de siete a ocho pies de altura. Se para sobre dos patas, como un humano o un primate. También es muy pesado, se estima que pesa más de 300 libras. Supuestamente, todo su cuerpo está cubierto de pelo largo y grueso.

Las personas que afirman haber sido testigos del críptido también dicen que tiene brazos inusualmente largos y una cabeza en forma de cono. También supuestamente huele horrible.

El monstruo de Fouke definitivamente no es cosa del pasado. Todavía hay avistamientos en la historia reciente. De hecho, en 2017, un esposo y una esposa manejaban al anochecer cerca de Boggy Creek. Según los informes, vieron una figura alta, peluda y parecida a un humano de pie en la distancia cerca de los árboles. La pareja no pudo ver de cerca, pero la esposa afirmó que no creía que la criatura fuera humana.

Tres personas afirmaron haber visto al monstruo solo tres semanas después de que aterrorizara a los Ford en 1971.

Mientras conducían, el grupo supuestamente vio una entidad grande y peluda corriendo por la carretera. Según el alguacil, consideró que los testigos eran personas confiables que probablemente no mentirían sobre tal situación.

Lo que sea que realmente sucedió la noche en que los Ford se encontraron con el monstruo, los asustó considerablemente. El estado de shock de Bobby Ford después del incidente pareció auténtico a quienes hablaron con ellos. De hecho, el agente Ernest Walraven le prestó a la familia un arma y municiones para su protección. La policía también notó que Ford estaba tan asustado que salió disparado por la puerta principal, sin siquiera molestarse en abrirla.

Los primeros avistamientos de un monstruo grande, peludo y misterioso cerca de Fouke, Arkansas, datan de 1834. Varios ciudadanos informaron haber visto a un hombre grande y peludo deambulando por la ciudad.

Los avistamientos aumentaron en el siglo XX. En 1997, hubo 40 informes del monstruo. No ha habido informes de que el Monstruo de Fouke haya matado a ningún ser humano, aunque algunos han sido atacados, como Bobby Ford.

. . .

Hay varios informes sobre cómo suena el monstruo. Algunos residentes afirman que suena como un pavo real. Sin embargo, otros que han escuchado al monstruo describen fuertes rugidos y gritos similares a los humanos. Un testigo afirma que el críptido emitió un fuerte sonido parecido al de un gong.

La película *The Legend of Boggy Creek* se estrenó en 1972 y rápidamente se convirtió en un éxito debido a su estilo único. Adoptó un enfoque de docudrama. Se combinaron entrevistas reales con residentes de Fouke, Arkansas, con recreaciones. Fue la primera película realizada por Charles B. Pierce, quien renunció a su trabajo diario en publicidad para dedicarse al cine independiente. La película generó cinco secuelas, la última estrenada en 2016.

¿Fueron auténticas las huellas del monstruo tomadas fuera de la casa de la familia Ford en 1971? Según el arqueólogo Dr. Frank Schambagh, probablemente no. Después de estudiar fotos de las huellas poco después del penoso incidente, Schambagh afirmó que había un "99% de posibilidades" de que las huellas fueran falsas.

Dijo que los primates y los humanos siempre tienen cinco dedos, mientras que las huellas solo mostraban tres.

. . .

También afirmó que una criatura parecida a un simio probablemente no podría sobrevivir en el entorno de Arkansas.

Si las huellas no fueran reales, ¿significa eso que la historia de Ford en sí misma es un engaño? Si bien es posible que alguien haya plantado las huellas después de que los Ford fueran atacados legítimamente, el escepticismo sobre las huellas ciertamente hace que su historia parezca sospechosa.

Después del éxito de *The Legend of Boggy Creek*, Fouke, Arkansas, vio un aumento en el turismo a medida que los visitantes se presentaban para buscar a la criatura. Se abrió un café, conocido como Boggy Creek Café, que servía comidas y bebidas con temas de monstruos. También vendió ceniceros, llaveros y otros recuerdos que decían "Hogar del Monstruo Fouke".

Una gasolinera local también vendía souvenirs. El propietario de una casa donde se había visto al monstruo comenzó a cobrar a los visitantes la entrada para explorar su propiedad.

Tal vez el Monstruo de Boggy Creek sea real, tal vez no lo sea.

. . .

De todos modos, no debes tener miedo de salir al bosque.

13

Mono zorrillo

Si el estado de Florida alguna vez selecciona una mascota para representar todas las cosas extrañas en el estado, sin duda sería el mono zorrillo. Tanto en tamaño como en apariencia, este escurridizo humanoide es el equivalente de Florida a Pie Grande.

En respuesta a miles de avistamientos, la Legislatura estatal en abril de 1977 presentó un proyecto de ley (H.B.1664) para proteger al escurridizo hombre-mono que, en parte, establecía: *"Cualquier persona que tome, posea, dañe o moleste a cualquier animal antropoide o humanoide que es nativo de Florida, conocido popularmente como* Skunk Ape, *o realice cualquier acto razonablemente capaz de dañar o abusar de dichos animales…"*

. . .

El representante estatal Paul Nuckolls quería que capturar o acosar a un mono zorrillo fuera un delito menor. Mencionaba que odiaría ver a alguien atrapar uno y ponerlo en un circo o en un zoológico.

El proyecto de ley nunca se convirtió en ley, pero eso no ha detenido las discusiones sobre volver a intentarlo.

Las historias relacionadas con los encuentros del mono zorrillo pueden remontarse a las primeras leyendas indias, que hablan de gigantes que viven a lo largo del río Kissimmee, y la "Gente de la arena" y la "Gente de los manglares". Algunos creen que estas leyendas describían monos zorrillos.

Digno de consideración es el relato histórico de Henry Tanner, uno de los primeros pioneros en el Condado de Orange, quien habló sobre "encontrar tumbas indias en el río St. Johns con esqueletos tan grandes como gigantes y cráneos que cabrían sobre la cabeza de un hombre normal". En 1935, los trabajadores que excavaban conchas en un montículo indio desenterraron "un fémur humano tan largo como la pierna entera de un hombre". ¿Eran estos restos óseos de humanos muy grandes, o tal vez una criatura bípeda desconocida? Una vez más nos quedamos con la bolsa llena de más historias extrañas.

. . .

En 1959, tres *boy scouts* emergieron presas del pánico del Bosque Nacional de Ocala con la descabellada historia de haber sido expulsados de su campamento por un monstruo grande y peludo. Dijeron que la cosa tenía rostro humano y cuerpo de simio. Ahora bien, esto podría ser fácil de descartar como un hilo infantil si no fuera por cientos de historias similares.

Tomemos el caso de un camionero de larga distancia que se detuvo en una parada de descanso a lo largo de la I-75 una noche para tomar una siesta. El camionero contó cómo una criatura peluda parecida a Pie Grande lo sacó de la cabina de su camión: *"salió de la oscuridad e intentó subirse al camión"*.

La cosa lo cargó bajo un brazo durante varios metros. *"Mi cara estaba presionada contra su cabello"*, dijo el hombre a un reportero, *"olía horrible"*. El camionero pudo liberarse de una patada y regresó a su camioneta. La criatura-mono comenzó a golpear el camión, pero después de que el conductor dio algunos toques en su bocina de aire, la cosa salió corriendo hacia el bosque.

En casi todos los encuentros con monos zorrillos, los testigos describen un olor desagradable, un hedor similar al repollo podrido o un zorrillo. Es este hedor a zorrillo lo que le da su nombre al mono zorrillo, aunque los veteranos en las áreas rurales a menudo se refieren a él como un "mono de pantano".

Existe una teoría que considera que, si la criatura realmente existe, cuando la criatura está alterada desprende almizcle. Este no es solo un ligero olor, los testigos lo han descrito como extremadamente pútrido y fuerte, lo suficiente como para disuadir a cualquiera de acercarse demasiado.

En una entrevista filmada de 1997 con Paul Schmitt de New Smyrna, Pau describió su encuentro. El hombre estaba repartiendo periódicos en la comunidad rural de Oak Hill una mañana antes del amanecer cuando se encontró con una "gran bestia parecida a un humano". Estaba girando su camioneta en un camino de tierra cuando vio a la criatura en sus faros.

"Fue realmente grande", explicó Paul. *"La cosa tenía el pelo largo, por todas partes, canas, tampoco era un oso. No podía ver su cara, solo la parte media de su cuerpo"*. Paul luego describió el olor clásico. *"Había un olor terrible, como a repollo podrido, tan fuerte que casi me atraganté y casi vomité"*.

Lo que hace que la historia de Paul sea tan interesante es que se han escuchado historias separadas y no relacionadas sobre avistamientos de simios zorrillos en la misma área. A unas ocho millas al sur de esta área, Jack

Simmons, un cazador de Melbourne, encontró varias huellas grandes de las que luego hizo moldes de yeso.

Una década antes, en Arial Road, al norte de Oak Hill, una niña se rompió un brazo después de que su caballo la arrojara cuando un hombre-mono grande y peludo se cruzó en su camino. Esta parte de Florida es una vasta área silvestre que se extiende hacia el oeste desde el Refugio de Vida Silvestre de Merritt Island hasta el Área de Manejo de Vida Silvestre de St. Johns.

Con la excepción de las carreteras que atraviesan esta área, un animal grande podría moverse fácilmente por ahí sin ser visto por los humanos, bueno, al menos por la mayoría de los humanos. Una vez, un escéptico acérrimo de cualquier cosa rara declaró: *"Si existen monos zorrillos, ¿por qué nadie ha visto uno?"* Obviamente no había estado escuchando.

Una tarde de noviembre de 1966, una mujer que conducía por una remota carretera del condado cerca de Brooksville tuvo un pinchazo y un encuentro típico con el hombre mono. Se hizo a un lado y recuperó el repuesto de su maletero y procedió a cambiar su neumático. Primero ignoró el olor extraño que impregnaba el aire pensando que un gato polar estaba cerca, pero luego escuchó un pie pesado dar pasos en el lado opuesto de la carretera.

La mujer acababa de terminar de poner el repuesto y estaba ajustando las tuercas cuando se dio la vuelta y vio una criatura parecida a un humano de siete pies de altura parada al otro lado de la carretera. Caminaba erguido, tenía cara de hombre y estaba cubierto de un pelaje oscuro y desgreñado.

En un relato del periódico, estimó que pesaba al menos cuatrocientas libras. Le parecía curioso lo que estaba haciendo la dama solitaria y se puso en cuclillas al lado del camino para mirar. Aproximadamente en ese momento llegó otro vehículo y la cosa desapareció en el pantano, dejándolos preguntándose sobre otra historia de monos zorrillos.

Quizás el mejor informe sobre el zorrillo fue el realizado en febrero de 1971 por cinco arqueólogos que excavaron un montículo indio en lo profundo de Big Cypress Swamp, una de las áreas más aisladas de Florida. Este es famoso porque involucró a múltiples testigos y, presumiblemente, eruditos creíbles en antropología.

. . .

Los cinco hombres hablaron de una bestia no deseada que se estrelló contra su campamento en medio de la noche y destruyó el lugar antes de correr hacia el pantano.

El intruso fue descrito como un gran primate bípedo, sin cuello, de 7 a 8 pies de alto, alrededor de 700 libras y cubierto con un pelaje blanco y peludo.

Más tarde, el equipo encontró huellas que medían 18 pulgadas por 11 pulgadas de ancho. Típico de otros encuentros, los testigos se quejaron de un olor repugnante que persistió mucho después de que la criatura se había ido. Lo que parece curioso de esta historia, y de algunas otras, es el pelaje blanco.

Parecería que un bromista fabricaría una historia o un disfraz que involucre a algo con pelaje oscuro. Un mono zorrillo con pelaje blanco simplemente no encaja en el estereotipo de Pie Grande, a menos que haya algunos ancianos del clan Sasquatch corriendo por el bosque.

En enero de 1974, el departamento de policía de Hialeah Gardens respondió con una búsqueda en helicóptero a lo largo de una sección de la autopista U.S. 27 después de que un automovilista informara a la Patrulla de Carreteras de Florida que había golpeado a una criatura peluda de 7 pies de altura que cruzaba la calle.

. . .

El automovilista sacudido dijo que después de golpear la cosa, ésta atacó su automóvil e hizo gruñidos amenazantes antes de alejarse cojeando hacia el pantano. Uno de los oficiales de policía involucrados en la búsqueda del monstruo vio a la gran criatura peluda parecida a un simio a unas cinco millas de donde el automovilista la había golpeado.

Si bien el incidente se informó en varios periódicos y el personal de ambas fuerzas del orden recuerda el incidente, no hay registros oficiales relacionados con el evento ya que no se presentaron cargos formales contra nadie.

Faltan pruebas físicas sólidas del mono zorrillo, aparte de unos pocos moldes de yeso de huellas cuestionables. Sin embargo, se enviaron algunas muestras de cabello para su análisis y en el 2000 incluso se tomaron algunas fotografías de un supuesto mono zorrillo en el condado de Collier. No hubo conclusiones científicas de las muestras de cabello y las fotografías han sido cuestionadas por los expertos como probables engaños.

Los escépticos han preguntado "¿Dónde están los huesos?" Seguramente los simios zorrillos deben morir y dejar restos óseos. La respuesta es simple, sabemos que el venado y el oso existen en el bosque, pero trata de encontrar un esqueleto de oso o conejo. Los huesos simplemente no duran mucho en el ambiente subtropical de Florida.

Los huesos más grandes, como los de un ciervo o un primate grande, sobrevivirán un poco más, pero no sin ser esparcidos por otros animales, roídos por roedores y, en un corto período de tiempo, se deteriorarán y se convertirán en parte del suelo.

Si esto no fuera cierto, entonces con todos los animales que han muerto en el bosque, el suelo del bosque sería una alfombra de huesos. Entonces, el problema de los huesos no es un buen método para descartar la posible existencia de un primate desconocido o cualquier otra criatura.

La Comisión de Pesca y Vida Silvestre de Florida sabe sobre el mono zorrillo. La agencia recibe con frecuencia consultas de personas que desean un permiso para cazar a la criatura. La agencia no emite dichos permisos, pero su oficina de información mantiene un archivo de los informes periodísticos de los monos zorrillos.

Puede que esto sea solo en caso de que la cosa resulte ser real, entonces tendrán un archivo listo y esperando. Incluso la Agencia de Pesca y Vida Silvestre de EE.UU.

ha oído hablar del mono zorrillo, en un comunicado de prensa de 1977 discutieron cómo manejarían el asunto si las criaturas como Pie Grande resultaran ser reales. Básicamente, lo pondrían en la lista de especies en peligro de extinción y arrestarían a cualquiera que intentara meterse con él.

Hay algunas áreas en Florida que aún son inaccesibles para la mayoría de los humanos, estos son los vastos pantanos y las áreas silvestres protegidas por el estado. Estos lugares podrían ocultar fácilmente secretos de la población en general, incluido un mono zorrillo.

Gran parte del hábitat salvaje de Florida está siendo destruido por el desarrollo y tal vez sea la invasión de la civilización lo que está obligando a una especie desconocida de primates a cruzarse ocasionalmente con los humanos. Los avistamientos del mono zorrillo tienden a subir y bajar con los picos y valles del desarrollo en Florida. Parece que eso dice algo, y aunque no sepamos específicamente qué, ciertamente debería estudiarse.

Si hay una conclusión para el enigma del mono zorrillo, sería que personas creíbles, a menudo profesionales, han visto algo que parecía ser una criatura peluda, gigante, de dos patas, que apesta de manera increíble. Como comentó un guía turístico local del pantano que vio uno: *"He estado en el bosque toda mi vida y nunca había visto algo así"*.

Lo que estos testigos han visto sigue siendo un misterio, sin embargo, si estás afuera por la noche y los grillos dejan de cantar y comienzas a tener arcadas por un mal olor... toma tu cámara porque podrías estar a punto de tener un encuentro con el mono zorrillo de Florida.

Conclusión

Lo que Pie Grande representa va más allá de la convicción en creer, por pura necedad o entretenimiento, que existe una criatura desconocida en nuestros bosques y áreas naturales inaccesibles. Hablar de Pie Grande significa cultura, significa misticismo, es un mundo de posibilidades para la conservación y para incrementar nuestros esfuerzos por conocer lo que las tribus que habitaron el mundo mucho antes que nosotros, tienen que decir.

Desde la isla de Sumatra hasta los bosques del norte de Estados Unidos, si algo es seguro es que la creencia en Pie Grande es un fenómeno mundial, y no deberíamos ser tan escépticos sobre su existencia, porque incluso si todo es una mentira, el investigarlo nos presenta una amplia gama de oportunidades para incrementar nuestro conocimiento.

Bien se dice que cada leyenda contiene algo de verdad, y nunca se descarta la posibilidad de encontrar especies desconocidas y sabes cada vez más sobre nuestros bosques y selvas, así como de conocer un poco más sobre la gran diversidad del mundo.

Ahora que sabes todo, desde las pruebas hasta los contundentes rechazos, ¿piensas que la búsqueda de Pie Grande vale la pena? Porque ésta puede representar grandes oportunidades, incluso si al final descubrimos que todo fue una broma como la de Wallace. Pero, si todo fuera una mentira, ¿por qué tantas culturas alrededor del mundo hablan de avistamientos de criaturas bípedas, llenas de pelo, adecuadas a su entorno?

Seguramente aún tienes muchas dudas, pues resolver este misterio parece una locura, y como dije al principio, tal vez te den ganas de embarcarte en tu propia búsqueda. Hay mucha información sobre Pie Grande y sus "primos", muchos videos e investigaciones que podrían volar tu cabeza.

Personalmente, creo que hemos ganado más de esta búsqueda (que podría ser ilusa, no lo niego), que lo que hemos perdido. Y creo que la gente en posiciones de poder lo piensa también, ¡pues hasta el FBI investigó las pruebas que se presentaron sobre Pie Grande!

Solo imagina que ya hay un área natural protegida gracias a la posible existencia del Yeti, ¿no es eso increíble? Este es un gran beneficio que, de otra manera, tal vez no se hubiese logrado.

Así que, ¿qué piensas tú? ¿Podría ser Pie Grande real? ¿En realidad podría existir algún beneficio de su existencia? ¿Le creemos a las tribus que afirman conocer a estas criaturas extrañas?

En un mundo en el que desconocemos tanto sobre nuestra propia biodiversidad, no parece una locura que haya especies que no logremos identificar aún, ni que el método de sobrevivencia de estas criaturas sea, precisamente, esconderse de nosotros.

Referencias

Bailey, A. 2021. "Searching for the boggy creek monster" en *Arkansas Times*, recuperado de https://arktimes.com/arkansas-blog/2021/10/06/searching-for-the-boggy-creek-monster

Madison, P. 2020. "Investigating Homo floresiensis and the myth of the ebu gogo" en *Aeon*, recuperado de https://aeon.co/ideas/investigating-homo-floresiensis-and-the-myth-of-the-ebu-gogo

N.A. 2013. "Chuchunya" en *Cryptid wiki*, recuperado de https://cryptidz.fandom.com/wiki/Chuchunya

Wainio, W. 2019. "Call of the Cryptid: Agogwe, or the Kakundakari of East Africa" en *Fansided*, recuperado de https://1428elm.com/2018/07/15/call-cryptid-agogwe-kakundakari-east-africa/

N.A. 2021. "Orang Pendek" en *Strange phenomenon*, recuperado de https://www.strange-phenomenon.com/orang-pendek-transcript

Kelly, D. 2022. "The legend of the Yeti explained" en

Grunge, recuperado de https://www.grunge.com/214070/the-legend-of-the-yeti-explained/?utm_campaign=clip

Conley, N. 2021. "THE BIZARRE TRUE STORY OF BIGFOOT, AMERICA'S MISSING APE" en *Grunge*, recuperado de https://www.grunge.com/111691/bizarre-true-story-bigfoot-americas-missing-ape/?utm_campaign=clip

N.D. "Humanoids" en *Cryptid wiki*, recuperado de https://cryptidz.fandom.com/wiki/Category:Humanoids

Radford, B; Pester, P. 2022. "Bigfoot: Is the sasquatch real?" en *Live Science*, recuperado de https://www.livescience.com/24598-bigfoot.html

Blitz, M. 2021. "Could Bigfoot really be out there?" en *Popular Mechanics*, recuperado de https://www.popularmechanics.com/adventure/outdoors/a23622082/bigfoot-history/

Naish, D. 2016. "If bigfoot were real" en *Scientific American*, recuperado de https://blogs.scientificamerican.com/tetrapod-zoology/if-bigfoot-were-real/

N/A. 2003. "Forensic expert says bigfoot is real" en *National Geographic*, recuperado de https://www.nationalgeographic.com/culture/article/forensic-expert-says-bigfoot-is-real

Crair, B. 2018. "Why do so many people still want to believe in Bigfoot" en *Smithsonian Magazine*, recuperado de https://www.smithsonianmag.com/history/why-so-many-people-still-believe-in-bigfoot-180970045/

N.D. "What is a cryptid, really?" en *Knowledge Nuts*, recuperado de https://knowledgenuts.com/what-is-cryptid/

N.A. 2020. "Seven species that used to be cryptids" en *Indiana University Bloomington*, recuperado de https://blogs.iu.edu/sciu/2020/12/12/seven-cryptids-species/

N.D. "Skunk ape" en *Weird U.S.*, recuperado de http://www.weirdus.com/states/florida/bizarre_beasts/skunk_ape/

Fraga, K. 2021. "Meet The Yowie, The Bigfoot-Like Cryptid That's Terrified Australia For Centuries" en *All That's Interesting*, recuperado de https://allthatsinteresting.com/yowie

www.ingramcontent.com/pod-product-compliance
Lightning Source LLC
Chambersburg PA
CBHW072021070526
44583CB00015B/1571